JN087280

英語の路地裏

オアシスからクイーン、シェイクスピアまで歩く

北村紗衣

装幀　松田行正 ＋ 金丸未波

　この本は体系的に英語を学ぶための本ではありません。そういうものを求めている人は、手に取らないほうがいいと思います。本書を読めば多少は英語が楽しくなったり、英語についての雑談で明日からすぐに披露できる豆知識が増えたり、英語を使う上でのちょっとしたコツが身についたりすることもあるかもしれません。しかしながらこの本は教科書ではありませんし、いわゆる「実用書」でもありません。タイトルに「路地裏」という言葉が入っていることから分かるように、英語学習の王道からはかけ離れた枝葉末節、裏道、脇道を扱っています。

　とはいえ、言語を学ぶにあたって実は「王道」はないのかもしれません。語学は毎日こつこつやらないと上達しないもので、さらに一度上達してもほうっておくとすぐ衰えます。たぶん語学上達に一番必要なのは、飽きずに面白いと思って続けるモチベーションでしょう。そうしたモチベーションを保つには、ひとりひとりが自分にあった方法を見つける必要があります。脇道をふらふらするのも、自分にあっていて無理なく続けられるのであれば、それはそれで立派な学習法だと言えるでしょう。

　語学学習についてたちが悪いのは、路地裏をふらふらした経験が、思わぬところで役に立ってしまうことがあるということです。なんか面白いけどたいした役には立たないだろうな……と思って摂取し

た知識が、後になってからその外国語で人と話をしたり、調べ物をする必要が出てきたりした時に突然、役に立つことがあります。そんなとき、路地裏で時間をつぶしたのも無駄ではなかったと思えます。

　この本は基本的に、英語を学ぶには文化的背景も一緒に知っておいたほうがいいし、そのほうが楽しいだろうというコンセプトで書かれています。人が言葉を使う際には、その人がこれまでの人生で身につけてきた文化が色濃く反映されます。コミュニケーションとしての語学とは、単に文法や発音を学ぶことだけにとどまりません。これからやりとりする相手がどういう文化的背景を有しているかをある程度推測する方法を学ぶことでもあります。文化的背景を理解していないせいで意思疎通に問題が生じるのは、同じ地域に住んで同じ第一言語を使う人の間でも起こり得ます。ましてや、違う地域で育って違う第一言語を使用する人の間では起こって当たり前です。

　外国語を使うにあたって相手の文化的背景を理解した上でコミュニケーションするというのは、今のところ人間だけができることです。機械翻訳がいくら発達したといっても、機械はやりとりする相手の人間については理解していません。さらにコンピュータは、外国語でのコミュニケーションをつらいと思わない一方で、面白いとも思ってはいません。コミュニケーションの際につらいとか面白いとかいろいろな感情を抱き、その感情をベースにして伝え方を考えたり、調整したりできるのは人間の大きな強みです。

　この本は5つの章に分かれています。日常表現、ジョーク、英文

法、シェイクスピアなどについていろいろな路地裏を散策した後、最後は大きな「広場」が出てくるという構成です。この「広場」は、何を隠そう、私が職場である武蔵大学で作った英語の入試問題とその解説です。大学の入試問題を作問者が解説するのはちょっと珍しいと思うのですが、英語を学ぶ際には文化的な背景の理解が必要だと分かる良い例ではないかと思い、こういう構成にしました（もちろん武蔵大学の許可は得ています）。是非、路地裏で身につけた知識を最後に広場で活用してみてください。

北村紗衣

目次

PLAZA 路地裏から広場へ　209

本書をお読みいただく前に

・本書は語学情報 Web メディア「ENGLISH JOURNAL ONLINE」(https://ej.alc.co.jp/) に掲載されたものを電子書籍化した『不真面目な批評家、文学・文化の英語をマジメに語る』と続編の2冊を合わせ、さらに、新たな記事を追加して再構成したものです。

・参考としたサイトの URL を掲載しています（一部 QR コード掲載）。2023年4月末現在の情報であり、今後ページが削除される可能性もあります。あらかじめご了承ください。

・英語の文学作品などを扱う際、学習者向けの注釈付きの版が出ている場合は可能な限りそこから引用するようにしています。

・戯曲を引用する際、「第1幕第1場1-2行目」は、1.1.1-2 のように表記します。

・英文の日本語訳は、特に記載がないかぎり著者によるものです。

・脚注は基本的に同じページに掲載しています。スペースの都合上、前後のページに掲載している場合があります。あらかじめご了承ください。

・PLAZA の大学入試問題は、著者が作成したもので、勤務先である武蔵大学の許可を得て収録しています。

・この本の一部には、JSPS 科研費 19K13117 の助成を受けた研究に基づく一般向けのアウトリーチ（成果紹介）が含まれています。

英語の日常表現の
小道を歩く

『スター・ウォーズ』から『クレイジー・リッチ!』まで

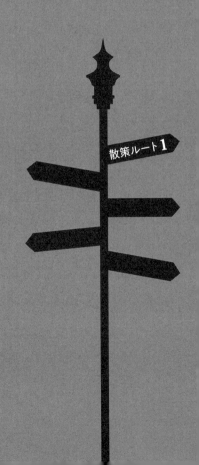

散策ルート**1**

児童文学『パディントン』に登場する「クマ視点」の英語日常表現

本も映画も人気のパディントン

　ここでは、マイケル・ボンド（Michael Bond）の児童書、パディントン・シリーズを取り上げます。パディントンは、世界中の子どもたちに愛されているクマのキャラクターで、私の指導学生の間でも人気があります。2014年から映画のシリーズも始まっており、良質なファミリー映画として、批評・興行の両面で成功を収めています。

パディントンのお手伝い

　パディントンは人気者なので、いろいろな団体と教育的なコラボレーション企画をしています。2018年にはイギリス王立造幣局（The Royal Mint）がパディントンの記念硬貨を出すにあたり、パディントンがウェールズの造幣局まで出向いて硬貨の作り方を学ぶという設定で 'Paddington Lends a Helping Paw' というウェブ記事[注1] が公開されました。2019年には、パディントンの名前のもとになった駅があるロンドンのパディントン地区の人たちがパディントンを呼んで

[注1] 'Paddington Lends a Helping Paw' (2018), The Royal Mint,
https://www.royalmint.com/discover/uk-coins/paddington/making-the-coin/, accessed
9 October 2019（2023年5月2日時点ではリンク切れ）.

清掃活動を行い、'Paddington Lends a Helping Paw to Spring Clean'
というタイトルの記事とビデオを公開しました[注2]。

こうした記事のタイトルを見て、どういう決まり文句をひねった
ものなのか、すぐに思い付きますか?

タイトルの**'Lends a Helping Paw'は、日本の高校などでも習う
基本的な表現のlend a hand**（手を貸す）**の応用**です。'lend a hand' は
よく使う表現で、handの前に修飾語のhelpingが入っている、'lend
a helping hand'（援助の手を差し伸べる）も、英語圏の人にはおなじみ
の言い方です。この見出しではそれが、**paw、つまり「手」ではな
く「(動物の)(前)足」**になっています。これはもちろん、パディン
トンがクマだからです。

🏮「クマ視点」の英語表現

実は、マイケル・ボンドの原作でパディントンの行動が描写され
る際、通常の英語表現でhand（手）、finger（指）、arm（腕）などを使
うところのほとんどは、クマ視点でpawが使われています。

このクマ視点の表現はパディントン・シリーズの特徴の一つで、
イギリスの読者にはよく知られています。だからこそ、王立造幣局
や地区清掃の記事でも、**ファンならぴんとくる、人目を引く表現**と
して使用されているのです。

[注2] 'Paddington Lends a Helping Paw to Spring Clean', 7 April 2019, The Paddington
Partnership, https://www.thisispaddington.com/article/great-british-spring-clean-
paddington-schools, accessed 31 March 2023.

王立造幣局の記事では、パディントンが、出来上がったコインをロンドンのパディントン駅のお店まで'paw-deliver'、つまり**hand-deliver**（**手ずから届ける**）ではなく「前足ずから届ける」という重要な任務を仰せ付かったということも書かれています。この記事は全体的に、マイケル・ボンドの**クマ視点の世界観を壊さないよう**、気を付けて作られています。

'at paw's length'はヒト視点だとどうなる？

王立造幣局や地区清掃の記事に出てきた'lend a paw'という表現は、パディントン・シリーズの原作にも登場しています。『パディントンとテレビ』（*Paddington at Large*）に収録されている「パディントン、素人芝居に出演する」（'Paddington and the Christmas Pantomime'）には、'He's promised to lend a paw with the sound effects.'（原著 p. 117）、つまり「効果のほうに前足貸してくれるって」（訳書 p. 160）という表現があります。

同じ作品集に入っている「幸運はだれに？」（'Paddington Hits the Jackpot'）には、クイズに答えようとするパディントンが、'I think I'd like to try my paw at mathematics, please.'（原著 p. 65）、「では、数学で運だめしをしてみます」（訳書 p. 89）と言うところがあります。この**'try my paw at 〜'** は、**'try my hand at 〜'**（**〜で腕だめしをする**）**を変形させたものです。**

『くまのパディントン』（*A Bear Called Paddington*）に収められている

「パディントンと名画」（'Paddington and the Old Master'）では、絵を描こうとするパディントンについて、'he stood back holding the end of the brush at paw's length'（原著p. 41）、「前足をのばして絵筆のはしを持ち」（訳書p. 119）という描写があります。

　この'at paw's length'は、基になっている表現を知らなくてもなんとなく分かると思いますが、これを人間視点に直すとどうなるでしょうか？

　正解は、'**at arm's length**'（腕を伸ばした距離で）です。

　『くまのパディントン』には挿絵がたくさんありますが、いかにも画家らしく、片方にパレット、もう片方に絵筆を持って前足を伸ばしている**パディントンの姿を具体的に思い描き**、その姿が'at paw's length'なんだ、と考えておくと、次に'at arm's length'という表現に出くわしたときに、どういう動作なのか、すぐ想像がつくと思います。

クマと人間の共存関係

　同じ「パディントンと名画」のお話では、大失敗をしたパディントンに、ブラウン家の娘ジュディが'keep your paws crossed'（原著p. 46）と言う場面もあります。ここは翻訳では、「おまじないをしておきなさい」（訳書p. 125）となっていて、元の言葉遊びが分かりにくいのですが、'**keep one's fingers crossed**'のfingersをpawsに変え

たもので、人さし指と中指を十字に絡ませる幸運のおまじないの仕草を指します。これも、パディントンがちょっと不器用に一生懸命、前足の指を絡ませようとしている仕草を想像しながら、表現を覚えるといいかもしれません。

　この場面で面白いのは、**ジュディも、パディントンの行動を描写する時はクマ視点**だということです。ジュディは、ほぼ難民に近い状態でペルーからやって来たパディントンの養親であるブラウン夫妻の娘で、言ってみれば養子になったパディントンのきょうだいに当たります。クマと人間のきょうだいということになり、お互い、当たり前のように双方の**体の作りや習慣の違いを受け入れて**いて、相手の立場に立って話しています。

　ロンドン2012パラリンピックの際、障害のあるアスリートに失礼なことを言わないにはどうすべきか、ということが話題になりましたが[注3]、ジュディとパディントンは自然とそれができています。英語表現だけではなく、こういう態度もブラウン家から学びたいですね。

🏮 定番の英語表現を楽しく覚えられる

　『くまのパディントン』は、金星堂からなかなかしっかりした英語教材も刊行されていて、注付きで読むことができます（いくつか注をアップデートした方が良さそうなところもありますが）。興味のある方は、本項末の参考文献をご覧ください。パディントンの本は、上で述べた

[注3] Damon Rose, 'Paralympics 2012: Is it OK to Call the Athletes Brave?' BBC, 4 September 2012,
https://www.bbc.com/news/magazine-19466064, accessed 31 March 2023.

ように、英語でよく使われる表現がクマ視点になっていて、こうしたところから日常的な表現を覚えたり、英語の面白さを味わったりすることができます。

　映画の『パディントン』（*Paddington*, 2014年）と『パディントン2』（*Paddington 2*, 2017年）も、面白い上、丁寧で聞き取りやすいロンドン地域の英語が聞けます。ただ、残念なことに、日本語版ブルーレイディスクに英語字幕が付いていません。ぜひ、学習者のために英語字幕を付けた版を出してほしいものです。

〈参考文献〉
■マイケル・ボンド作、ペギー・フォートナム絵『くまのパディントン』松岡享子 訳、福音館書店、2018（初版1967）。
■マイケル・ボンド作、ペギー・フォートナム絵『パディントンとテレビ』松岡享子 訳、福音館書店、2017（初版1971）。
■Michael Bond and Peggy Fortnum, *Paddington at Large*, HarperCollins, 2002 (originally published in 1962).
■Michael Bond and Peggy Fortnum, *A Bear Called Paddington*, ed. Kazushi Kuzumi and Hugh E. Wilkinson, 金星堂, 2015.

映画『クレイジー・リッチ!』で学ぶ
社交英会話と、ひねった表現
'the rainbow sheep'

映画『クレイジー・リッチ!』のcrazyの意味は?

　ロマンチック・コメディ映画『クレイジー・リッチ!』（*Crazy Rich Asians*, 2018年）は、まずタイトルから文法的な解説が必要な映画です。この作品は、中国系アメリカ人である大学教員のレイチェル・チュウ（コンスタンス・ウー）が、アメリカで出会ったシンガポール人の恋人ニック・ヤン（ヘンリー・ゴールディング）の里帰りについて行ったところ、ニックは実はシンガポール上流階級のトップに君臨する大富豪ヤン家の御曹司で、レイチェルは大変なカルチャーショックを経験する、という内容です。

　英語のタイトル *Crazy Rich Asians* は、ヤン家のような**常人の想像を超える資産を持ったアジアの大金持ち**を指しています。このCrazyは表面的には一応、「異常な」という形容詞ではなく、Rich（大金持ちの）を修飾する「**ものすごく**」という**副詞**として働いています。映画で、レイチェルの親友であるシンガポール人のペク・リン（オークワフィナ）が、'They're crazy rich.'（あの人たちはめちゃんこ大金持ちなん

だってば）と発言していて、このcrazyは間違いなく副詞です。つまり、タイトルの *Crazy Rich Asians* は、とりあえずは「ものすごく金持ちのアジア人たち」という意味になります。ただし、映画を見ていると、このアジアの大金持ちたちの常軌を逸した金の使い方がだんだん見えてくるので、裏の意味としては、「イカれた金持ちのアジア人たち」ということもほのめかされているのだろうと思えてきます。

こういう、普段は形容詞で使う単語を**強調の副詞として使うものにはほかに、realやdead**があります。1970年代のイギリスのロックバンド、フェイセズ（Faces）の歌 'Had Me a Real Good Time' は、「本物の良い時間を過ごした」ではなく、「ホントに良い時間を過ごした」です。また、'I am dead serious.' という表現は、「私は死んでいて真剣です」ではなく、「私はものすごく真剣です」の意味になります。

出自や育ちを表すさまざまな英語

シンガポールの上流階級出身であるニックは、癖のない明快な発音のイギリス英語を話します。そのため聞き取りやすく、英語学習者にとってはありがたいでしょう。この発音は、ニックが高い教育を受けていることを示唆しています。

一方、アメリカで教育を受けたという設定のペク・リンは、黒人英語の影響[注1]がある、くだけたアメリカ英語を話し、早口で次々

[注1] Lauren Michele Jackson, 'Who Really Owns the 'Blaccent'?' *Vulture*, 24 August 2018, https://www.vulture.com/2018/08/awkwafina-blaccent-cultural-appropriation.html, accessed 15 April 2023.

にジョークを言うので、なかなか聞き取りにくくなっています。とても魅力的なキャラクターなのですが、セリフは学習者泣かせです。ペク・リンも相当に金持ちの家の娘ですが、シンガポールの階級基準で言えば、二流の新興成り金の家庭に育ったという設定です。

ペク・リンとニックの話し方の違いは、**金持ちの間にも厳然たる階級差がある**ことを示唆しています。そこそこリッチな人々と、クレイジーにリッチな人々の間には、さまざまな差があるのです。

「あなたはthe talk of the party」の意味は？

この映画には社交の場面が多いので、気の利いた表現や、覚えておくと便利そうな表現がいろいろ出てきます。例えば、ニックの親戚であるオリヴァー（ニコ・サントス）がパーティーで初めてレイチェルやペク・リンと会ったときの会話は、いかにも英語圏の社交の会話という感じで、明日からすぐ使えそうな表現がたくさんあります。

パーティーで、オリヴァーはレイチェルに、'On the bright side, you're the talk of the party.' と言います。この **'On the bright side'** というのは「**いい方向に考えれば**」という意味です。

'the talk of the party' は「パーティーの話題」ですが、こういう **'the talk of ～'は**「**～のうわさの的**」という意味になります。of以降を変えて、'the talk of the town'（町のうわさの的）、'the talk of the school'（学校のうわさの的）など、さまざまな場面で応用できます。

　レイチェルはヤン家のパーティーでいろいろ失敗して居心地が悪くなっているのですが、オリヴァーはちょっと斜に構えた感じでレイチェルを励ましてあげているわけです。

褒め言葉で使えるlike

　同じパーティーの場面でこの後、オリヴァーはペク・リンに自己紹介し、握手しながら、'I like your shoes.'（あなたの靴、好きですよ）と言います。こういう**like は、英語圏の人が社交の会話で相手を褒めるときによく使う**もので、「いい靴ですね」くらいの意味になります。英語を学び始めたばかりの人は、なかなかさらっと使いこなせない言い方です。私も、英語圏で学会発表をした時に何度か、'I like your paper.'と言われてうれしく思いましたが、日本語では学会発表を褒めるときにあまり「あなたの論文、好きですよ」などとは言いません。自分でほかの人の発表にコメントする時に、'I like your paper.'と言えるようになるまでには、時間がかかりました。私も、オリヴァーのように、さらっとこういう言い方で国際学会の懇親会を乗り切りたいものです。

the rainbow sheepはどんなヒツジ？

　このパーティーの場面でオリヴァーが使う表現で一番面白いのは、自分は'the rainbow sheep of the family'（一家の虹色のヒツジ）だ、とい

う言い方です。これは、『パディントン』を扱う前項で紹介した表現同様、英語の決まった言い回しの一部を、視点を変えてひねったものです。

元の表現は、'the black sheep of the family'（一家の黒いヒツジ）というもので、「一家の厄介者」を意味します。日本語にも「毛色が違う」という表現がありますが、白いヒツジの群れの中に黒いヒツジが1匹だけいるイメージですね。

オリヴァーは、black（黒）を rainbow（虹色）に変えています。これは、多様性を表す**レインボーカラー、つまり虹色が性的マイノリティーのシンボルカラー**であることを踏まえた表現です。オリヴァーはいわゆるかなり「オネエ言葉」っぽい英語で話す男性です。この場面では、初対面のペク・リンやレイチェルがどういう人かを瞬時に見極め、自分がゲイだという話題を出しても OK な相手だと判断して、ちょっとひねった表現を使い、性的指向をカムアウトしているわけです。

社交の英会話を参考にする時の注意点

『クレイジー・リッチ！』は社交界を描いた映画なので、こういうしゃれた会話がたくさん出てきます。シンガポールの上流階級のパーティーに招かれるようなことは、ほとんどの人が経験しないでしょう。それでも、紹介したような社交的な集まりの会話には、英会話の面で学べるところがあります。

ただし、まねする時は、**善玉キャラで不愉快なことをあまり言わ**
ないオリヴァーやニックの話し方を参考にしましょう！　この映画
には社交に付き物の足の引っ張り合いや嫌みもたくさん出てきます
が、それはさすがに会話の参考にはしない方がいいと思います。ま
た、学習者にとってはニックのような英語は聞き取りやすくてあり
がたいと思いますが、そうした「上流階級」的な英語だけを「正し
い英語」のように扱うのも問題です。英語にもいろいろな話し方が
あり、優劣はないということも考えておきましょう。ネイティヴス
ピーカーでない我々にも我々なりの英語があるのです。

『スター・ウォーズ』の世界が舞台の SFドラマ『マンダロリアン』で学ぶ ビジネス英語

『スター・ウォーズ』の世界で繰り広げられるドラマ

ディズニーがネットで配信しているドラマ『マンダロリアン』（*The Mandalorian*, 2019年〜）は、『スター・ウォーズ』の世界で展開されるSF作品です。Disney+で配信されていて、『スター・ウォーズ』の映画シリーズが一段落した後のフランチャイズの目玉コンテンツとして高い評価を受けています。

こうした配信作品のいいところは、**英語字幕と日本語字幕を切り替えられる**ところです。英語学習に大いに活用できるので、本項ではこのドラマを取り上げて、作中のビジネス英会話を見てみたいと思います。

作品独自の用語は分からなくて当然

『マンダロリアン』はSFですが、一匹 狼 の渋い賞金稼ぎが主人公で、西部劇に近い作りの物語です。もともと西部劇というのは、治

安の悪そうな町とか、いかがわしい酒場とか、雄大な自然とか、いろいろな場所の空気感を映像で上手に見せることを大事にしていて、セリフに頼らない技術も発達しています。

　『マンダロリアン』の主人公であるペドロ・パスカル演じる賞金稼ぎ（惑星マンダロアに由来する民族集団の一員なので「マンダロリアン」と呼ばれていますが、本名は後でディン・ジャリンだと分かります）も、**西部劇らしい寡黙なキャラクター**です。こういう人物を中心にした作品は一度にたくさんのセリフを聞き取る必要がなく、映像からいろいろなことが理解できるため、それほど高い英語力がなくても楽しめます。

　SFやファンタジーで特に顕著ですが、全くなじみのない世界を舞台にした作品を楽しむためのポイントの一つは、**分からない単語があっても気にしない**ことです。難しい言葉は、ネイティヴスピーカーも分かっていない場合があります。

　『スター・ウォーズ』シリーズが初めて公開されたとき、今まで**誰も聞いたことがないような言葉**がたくさん出てきましたが、「それが何を指すのか正確なところが分からなくても、人々は『この世界の用語なんだな』と聞き流して」（高橋ヨシキ著『スター・ウォーズ 禁断の真実（ダークサイド）』、洋泉社、p. 152）楽しめたのが成功のポイントでした。自分に英語力がないのでは……と落ち込む前に、「どうせみんな全然分からないんだ」と開き直ることが大切です。

# ビジネスでcoverやone jobと言えば?

特殊な世界観に基づく用語がちりばめられている一方で、実はよく考えたら、ただのビジネス英語じゃないか……という場面も、『マンダロリアン』には見られます。いくつか抜き出して解説しましょう。

寡黙なヒーローでも報酬の交渉は必要です。まずは、第1シーズン第1話で、マンダロリアンが賞金稼ぎギルドのトップであるグリーフ・カルガ（カール・ウェザース）と商談をするところです。

> **The Mandalorian:** What's your highest bounty?
> **Greef Karga:** Not much. Five thousand.
> **The Mandalorian:** That won't even cover fuel these days.
> **Greef Karga:** There is one job.

この会話には文法的に難しいところは全くありませんが、**ビジネスの交渉らしい**特徴的な進み方になっています。日常会話であまり出てこない単語は**bounty**だけで、これは賞金稼ぎがお尋ね者を捕まえたときに支払われる「賞金」です。つまりマンダロリアンは「一番高い賞金は？」と聞いていて、グリーフ・カルガは「大した額じゃない。5000だ」と答えています。

ここでリスニングのポイントになるのは、この「5000」が表すのはどういう通貨単位なのかは気にしない、ということです。いちい

ちそういうことを気にしていると会話が理解できません。ここで大事なのは、どうやら5000は大した報酬額ではないらしいということです。

　これに対するマンダロリアンの答えである**'That won't even cover fuel these days.'** は、日常会話でも普通に使えそうな表現です。主語のThatは前のFive thousandを指します。**動詞のcover**は大変便利な表現で、ここでは何かの**費用を賄える**という意味です。目的語のfuelは「燃料」ですが、マンダロリアンは宇宙船でお尋ね者を探すのが仕事なので、ここでは移動にかかる乗り物の燃料費ということになります。つまり、マンダロリアンは「そんな額じゃあ、近頃は燃料代にもならないよ」と言っていて、経費の補填もできないくらい報酬が安いと苦情を述べているわけです。SFとはいえ、とても現実的なセリフです。

　これの答えであるグリーフ・カルガの 'There is one job.' は、文字通りに訳すと「1つ、仕事があるんだ」です。ビジネスの会話がこのように進む場合、普通はこの 'one job' は、ほかの仕事とは別種のものだということを暗示しています。グリーフ・カルガが 'highest bounty' についてマンダロリアンに聞かれたときにすぐこの**one job**の話を出さなかったのは、これが**通常の仕事の枠には収まらないヤバい仕事**であるためだろうと推測できます。皆さんの中に賞金稼ぎはいないと思いますが、普通のビジネス交渉でも、こういう雰囲気で進んで、「one jobが別にあるんだ」と言われたら、注意した方がいいでしょう。何かすごく大変な仕事かもしれません。

言いづらいことを遠回しに伝える技

　マンダロリアンは結局この one job を引き受けて、クライアント（ヴェルナー・ヘルツォーク）と直接交渉します。クライアントから、とある標的をできれば生け捕りにしてほしいが、無理な場合は死んだ状態でも報酬を出すという条件で依頼が来ます。ここは、クライアントがドイツ訛りはあるものの礼儀正しくゆっくりした聞き取りやすい英語で、怪しい依頼をしています。ビジネス英語に興味がある方には、ぜひ英語でじっくり聞いていただきたい場面です。

　マンダロリアンは、仕事の標準的な手続きとして、標的の手掛かりを要求します。

> **The Mandalorian:** Let's see the puck.
> **Client:** I'm afraid discretion dictates a less traditional agreement.

　マンダロリアンの最初のセリフに 'puck' なるものが出てきますが、これは先ほど説明した、**意味が分からなくても無視していい言葉**です。この前の場面でこの「パック」と呼ばれるものが何度か出てきています。どうやら手配書をホログラム装置にしたようなものらしいのですが、詳しいことはあまりよく分かりません。こんなものはわれわれが生きている現実世界にはないので、何か賞金稼ぎが使う仕事の道具らしい、ということさえぼんやりと分かれば OK です。

　この「パック」について、マンダロリアンは 'Let's see 〜.'（〜を見

よう）という**勧誘の表現**を使っていますが、これは直接的には「見せろ」という**要求**だと思っていいでしょう。これに対するクライアントの答えは、回りくどい言い方でこの仕事のヤバさをほのめかそうとするものです。

　最初の 'I'm afraid' は「あいにく〜だ」くらいな意味で、その後に that が省略されていると考えてください。that 節に入った文の主語は discretion、つまり「慎重さ」、動詞の **dictate(s)** は「書き取る」方ではなく「命じる」あるいは「規定する」方の意味です。目的語は **agreement** で「契約」を意味し、それに less traditional という修飾語が付いています。

　この **traditional** は文字通りには「伝統的な」ということですが、ここではビジネスの話なので、文化的伝統とか歴史とかの話ではなく、「**通常の商慣習に沿った**」くらいの**意味**になります。それに劣等比較の less が付いていますが、これは**やんわりとした否定**と取っていいでしょう。

　文字通りに訳すと、このクライアントの発言は「あいにく、慎重さが、より通常の商慣習に沿わない契約を要求している」ということになります。これではあまりにも日本語が分かりづらいので、もう少し意味をくんで訳すと、「あいにくながら、この仕事は慎重にしないといけないので、普通とは違う形の契約が必要だ」というようなことになります。

ここでクライアントが示唆しているのは、ざっくり言うと、「この仕事はヤバいものなのでパックはない」ということです。非常に婉曲に言葉を選びながら発言しているので、分かりにくいかもしれません。しかし、**微妙なビジネスではこういう回りくどい話し方が**必要になることもあるのです。

「私が言ったことで決まりだ」というフレーズ

　こんな気を遣うビジネス交渉はもう嫌だ……という方もいると思うので、最後に、きっぱりした表現を1つ覚えて終わりにしましょう。第1話の後半から、アグノートという種族出身のクイール（ニック・ノルティ）という農家のおじちゃまが登場します。クイールの口癖はこれです。

I have spoken.

　話を終わらせたいときに必ずこの言葉を使います。直訳すると「私は（すでに）話した」ですが、これは決まったフレーズで、「話は終わりだ、もうこれで決まりだ」という意味です。大変訳しにくいですが、**日本語字幕では「有無は言わせん」**となっていて、これはなかなか良い訳だと思います。そんなに使う機会はないかもしれませんが、長引く交渉などにイラッとしたときには、心の中でこっそり'I have spoken.'と言ってみてもいいかもしれません。

〈参考文献〉
■髙橋ヨシキ『スター・ウォーズ 禁断の真実（ダークサイド）』、洋泉社、2019。

ROUTE 1-04

イングランド北東部が舞台の
映画『リトル・ダンサー』の
文化的背景を探る

 『リトル・ダンサー』はイングランド北東部の英語

　今回は、イングランド北部のダラムを舞台にした映画『リトル・ダンサー』（*Billy Elliot*, 2000年）を取り上げます。この映画で話されているイングランド北東部の英語はあまり聞き取りやすくはありませんが、幸い、脚本家のリー・ホールが序文を付けた台本が刊行されているので、それを見ながら解説したいと思います。私はゼミで学生と、この台本を使いながら映画を分析したことがあり、ウェブ記事も書いたことがあります[注1]。

 炭鉱町で育った少年がバレエダンサーを目指す

　『リトル・ダンサー』は、1980年代、炭鉱閉鎖に揺れるダラムの町を舞台にしています。ジェイミー・ベル演じる主人公の少年ビリー・エリオットは、炭鉱労働者の家庭の息子です。父ジャッキー（ゲイリー・ルイス）も兄トニー（ジェイミー・ドラヴェン）も、炭鉱の閉鎖に反対するストライキに参加しています。ビリーはひょんなことか

[注1] 北村紗衣「『ビリー・エリオット』（『リトル・ダンサー』）にみる「男らしさ」の変化」、
wezzy、2019年7月10日、
https://wezz-y.com/archives/67426、2023年5月3日閲覧。

らバレエに関心を持ち、バレエのレッスンを行っているウィルキンソン先生（ジュリー・ウォルターズ）から踊りを習うことになります。ビリーには才能があることが分かりますが、伝統的な男らしさに誇りを持つジャッキーやトニーはバレエに偏見があり、ビリーの夢をなかなか認めてくれません。さて、ビリーの将来は一体どうなるのだろうか、というお話です。

子どものセリフにもifのない仮定法の文が登場

　子どもが主人公の映画だから、そんなに難しい表現はないだろうと思うかもしれませんが、**条件節のない帰結節だけの仮定法の文**などがどんどん出てきます。さらに、**文化的な背景を理解していないと分かりづらい**作品でもあります。例えば、ビリーがロンドンのバレエ学校受験について友達のマイケル（ステュアート・ウェルズ）に相談し、父にはまだこのことを打ち明けていないんだ、と言うと、マイケルは次のように返します。

> He might be quite pleased about it. He could rent your room out.
> 親父さん、結構喜ぶかもしれないよ。君の部屋、貸せるようになるし。

　ここでマイケルは、'If you went to London'（もし君［ビリー］がロンドンに行ったら）といった仮定をした上で、その帰結だけを言っています。**仮定法過去は、ifで導かれる条件節が過去形、帰結節が助**

動詞の過去形＋動詞の原形で、現在の事実に反した仮定を示します。
'rent your room out' は文化の理解が必要で、イギリスでは間貸し
が頻繁に行われていることが背景にあります。住宅事情が良くない
ため、台所などが付いたアパートを1人で1間、借りるよりは、人の
家の1室を借りて、バスルームや台所は共同で使う間借りをする人
が多いのです。このマイケルのセリフについては、映画の最後で、
ロンドンのバレエ学校への進学を怖がり、うまくいかなかったら帰っ
てきてもいいかと言うビリーに対して、ジャッキーが 'We've let
out your room.'（部屋は貸しちゃったんだぞ）と言うオチがあります。
'let out 〜' は 'rent out 〜' と同じ意味です）。

 ## 映画の文化的背景を台本の序文から知る

　『リトル・ダンサー』は全体的に、文化的背景を知らないと分かり
にくい映画です。脚本家のリー・ホールが台本に寄せた序文に、こ
の映画における文化的背景の重要性を説明した文があります。この
台本の中で最も難しい文はたぶんこれなのですが、映画から離れて
ちょっと見てみましょう。

Growing up in the North East under Thatcher left the injustices
that were perpetrated on hundreds of thousands of people
indelibly stamped on my consciousness[.]

※ *Billy Elliot (Screenplays)*, Introduction, p. X

一読しただけでこの文構造が把握できる人は多くないと思います。少しずつ見ていきましょう。主語は 'Growing ... Thatcher' で、動詞が 'left'、目的語が 'the injustices ... people'、そして 'indelibly stamped ... consciousness' が目的格補語です。学校で習った5文型を思い出してください。主語＋他動詞＋目的語＋目的格補語（SVOC）という文型があったと思います。目的語と目的格補語がイコールになります。つまり、この文の構造は「Growing ... Thatcher が the injustices を stamped の状態にしたまま（left）だ」となります。次のような感じです。

【主語】Growing up / in the North East / under Thatcher
【動詞】left
【目的語】the injustices (that were perpetrated / on hundreds of thousands of people)
【目的格補語】indelibly stamped / on my consciousness[.]

🏮 サッチャー政権下のイングランド北東部で育つ意味

　次に、単語を見ていきます。'the North East' は大文字で始まるので、固有名詞扱いだと推測できます。これはイングランドの「北東部」を指し、映画の舞台であるダラム近郊や、脚本家のリー・ホールが生まれたニューカッスル・アポン・タイン辺りを含みます。

　ここでの 'Thatcher' は、1980年代にイギリス首相だったマーガレット・サッチャーです（サッチャーについてはウェブ記事[注2]もご覧くだ

[注2] 北村紗衣「さよなら、マギー〜「内なる抑圧」の誘惑には、名前を付けて抵抗しよう」、wezzy、2017年6月10日、2017年6月10日
https://wezz-y.com/archives/47829、2023年5月3日閲覧。

さい）。つまり、「サッチャー政権下、イングランド北東部で育つこと」が主語です。

Growing up / in the North East / under Thatcher
育つこと／イングランド北東部で／サッチャー政権下

　目的語の‘the injustices’には、主格の関係代名詞であるthatが係っています。‘hundreds of thousands of people’は文字通りには「何十万もの人々」ですが、ここでは「あまたの人々」くらいでいいでしょう。‘perpetrate’は犯罪などの「悪いことを行う」という意味の動詞です。‘that were perpetrated’は受動態で、that節は‘the injustices’に係っているので、目的語の全体の意味は「あまたの人々に対して行われた不公正」です。

the injustices (that were perpetrated / on hundreds of thousands of people)
不公正／行われた／あまたの人々に対して

　最後に、目的格補語である‘indelibly stamped on my consciousness’を見ましょう。indeliblyは、-deli- の部分が、delete（削除する）と意味が重なる単語です。否定の接頭辞in- が付いていて、-lyと副詞になっているので、「消せない状態で」という意味です。stampは、「スタンプを押す」という意味から想像できるように、「刻印する」です。

つまり、目的格補語は「私の意識に消えない状態で刻まれている」
となります。

indelibly stamped / on my consciousness[.]
消えない状態で刻まれている／私の意識に ［。］

　ここまで分かれば、意味が取れると思います。「サッチャー政権
下、イングランド北東部で育つということは、あまたの人々に対し
て行われた不公正を、私の意識に消えない状態で刻み込まれたまま
にしてしまった」というのが文字通りの意味です。

　これだと日本語としてこなれていないので、もう少し読みやすく
しましょう。無生物主語は「主語のせいで○○になった」のように
訳す、ということを学校で習ったと思います。つまりこの文は、「サ
ッチャー政権下のイングランド北東部で育ったせいで、あまたの人々
に対して行われた不公正が、私の意識の中に消えることなく刻み込
まれたままになってしまった」という意味です。
　この文は、構成が難しいだけではなく、**サッチャー政権がイング
ランド北東部の炭鉱町を冷遇**していたことを知らないと、よく理解
できません。『リトル・ダンサー』自体が、サッチャー政権批判の映
画でもあります。授業中にこの文の意味がすぐ理解できた学生はほ
とんどいませんでしたが、それも当然です。しかし、**英語の読解の
目的は、こういう文を、背景を含めてちゃんと理解できるようにな
ること**なのです。

🏮 Class dismissed.の意味は?

　相当に難しい文を取り上げたので、ちょっと簡単な表現を覚えて終わりにしましょう。映画の序盤でウィルキンソン先生が、覚えておくと良さそうな、次の英文を言っています。

Class dismissed.
今日の授業（クラス／レッスン）はここまで。

　ここでのdismissは「解散させる」という意味で、「クラス解散」、つまり「今日の授業はここまで」という決まり文句です。それでは、この表現を覚えたところで、本日のレッスンも Class dismissed. としましょう。

〈参考文献〉
■ Lee Hall, *Billy Elliot (Screenplays)*, Faber & Faber, 2000.

イギリスで最も人気のある
クリスマスソングからたどる
罵倒語の歴史

※本項では説明の必要上、差別語や罵倒語を記しています。

イギリスで最も人気のあるクリスマスソング

　ここでは、イギリスのロックバンド、ザ・ポーグス（The Pogues）のクリスマスソング「フェアリーテール・オブ・ニューヨーク」（*Fairytale of New York*、日本語タイトル「ニューヨークの夢」）[注1]に登場する言葉を取り上げたいと思います。ザ・ポーグスは、アイルランド系のシェイン・マガウアンがリードボーカルを務めています。アイルランド音楽の要素を取り込んだ、いわゆるケルティックパンクのバンドです。1987年にイギリスの女性シンガー、カースティ・マッコールとのコラボレーションで出したこの曲では、マガウアンとマッコールがニューヨークに住むアイルランド移民のカップルを演じています。イギリスやアイルランドでは最も愛されているクリスマスソング[注2]です。

　この曲は、クリスマスソングにしてはホリデー気分がほとんどなく、大変**下品な言葉**がたくさん使われています。語り手は、ニューヨークの酒場でクリスマスイブに酔いつぶれている男です。この男

[注1] 'The Pogues - Fairytale Of New York (Official Video)', ThePoguesOfficial, 2011, https://youtu.be/j9jbdgZidu8, accessed 15 April 2023.

は、老人がアイルランドの歌を口ずさんだのをきっかけに、愛する女のことを思い出します。そこから回想のような形で女とのデュエットになります。若い頃は希望に満ちていた2人がだんだん酒や薬に溺れるようになり、ののしり合いつつも互いに対する愛を捨てきれない様子が描かれます。

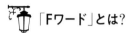 ## 「Fワード」とは?

ここで問題になるのが、「Fワード」(f-word) です。Fワードというと通常、使ってはいけない下品な言葉として有名なfuckを思い出す人が多いと思います。しかし、この歌に出てくるFワードはfuckではありませんし、feminism (フェミニズム) などでもありません (たまにフェミニストがフェミニズムのことを冗談でFワードと言うのです)。ここで注目するのは **'faggot'** (発音は片仮名で書くと「ファゴット」) です。

この曲で男女がけなし合うところでは、男が女に 'slut' (あばずれ) などとひどいことを言う一方、女も男にものすごい数の罵言を浴びせます。女から男への悪態の中に、次のものがあります。

> You scumbag, you maggot
> You cheap lousy faggot

'scumbag' は「クズ野郎」、'maggot' は「うじ虫」、'cheap' は「安っぽい」、'lousy' は「卑劣な」くらいの意味です。この程度の罵言であれば、イギリスやアイルランドでは平常運転と言っていいでしょう。

[注2] Daisy Wyatt, 'The Pogues' 'Fairytale of New York' Voted Favourite Christmas Song in Nationwide Poll', *The Independent*, 1 December 2014,
https://www.independent.co.uk/arts-entertainment/music/news/the-pogues-fairytale-of-new-york-voted-nations-favourite-christmas-song-9896211.html, accessed 15 April 2023.

しかし、'maggot' と韻を踏んでいる 'faggot' は**別格でショッキングな言葉**です。これは現在の英語では、**同性愛者に対する最大級の差別語**なのです。主に男性同性愛者に対して使いますが、まれに女性にも使われます。

　これは、あまりにも侮蔑の度合いがひどくて、普通に口にできる言葉ではありません。私はここでは伏せ字にせずにこの言葉を書いていますが、教育や研究の文脈で分析をするとき以外は絶対に使いません。この言葉のせいで、この曲は毎年のように抗議を受けています[注3]。しかし、この言葉の来歴はやや複雑で、**アメリカ英語とイギリス英語の違いや、方言の衰退**など、いろいろな要因が絡んで、現在、問題視されるようになったという経緯があります。これから、この言葉の歴史を説明したいと思います。

言葉に歴史あり

　英単語の歴史を調べる際に手がかりとして使われる代表的な辞書である『オクスフォード英語辞典』[注4]によると、**同性愛者に対する差別語としてこの言葉を使うのは、主に北米**です。20世紀の初め頃からアメリカで使われるようになりました。用例の大部分はアメリカ英語で、**イギリスにおけるこの意味の最初の用例は1984年の**ものです。

　一方、**イギリスやアイルランドの英語では18世紀頃から、この言葉は「だらしない人」、特に女性を指す罵倒語**として頻繁に使われて

[注3] Patrick Kelleher, 'The Annual Homophobia Debate over Fairytale of New York has Already Begun and We are So Very, Very Tired', *Pinknews*, 2 December 2019, https://www.pinknews.co.uk/2019/12/02/fairytale-of-new-york-debate-the-pogues-kirsty-maccoll-homophobia-gay-slur-christmas/, accessed 15 April 2023.

038

いました。あまり用例は多くありませんが、男性や動物にも使われた例があります。英語の辞書として最も信頼性が高いと言われており、用例採集に力を入れている『オクスフォード英語辞典』の前の版は、男性に対する使用例としてこの歌のこの箇所を引いていました（2023年のアップデート版ではこの例文はなくなっていますが）。1996年にもこの意味で女性に使われている例があり、90年代くらいまでこの意味が生きていたことが分かります。

「フェアリーテール・オブ・ニューヨーク」では、文脈からしても痴話喧嘩の中で、女が一緒に暮らしている異性愛者と思われる男にこの言葉を投げ付けているので、「ロクデナシ」とか「クズ野郎」という意味に取った方がはるかにぴったりきます。相当に下品ですが、**同性愛者に対する差別語としては使われていなかった**と考えられます。

　しかし、イギリスやアイルランドの古式ゆかしい罵倒語の世界にも、グローバリゼーションの波が訪れます。アメリカのコンテンツが流入するにつれて、ブリテン諸島（イギリスとアイルランド）の英語はどんどんアメリカ英語を取り入れていきます。そして、**現在のイギリスでもほとんどの場合、faggot は同性愛差別の意味**で使われるようになりました。

場が凍り付くほどひどい差別語

　21世紀のイギリスでこの言葉が持っている力はかなりショッキン

[注4] 'faggot, n. and adj.' OED Online, Oxford University Press,
https://www.oed.com/viewdictionaryentry/Entry/67623, accessed 27 August 2020.

グなものです。私は2009年から2013年までロンドンに留学し、その
ときにオンラインゲームにおける罵倒語や差別発言に関する研究発
表を聞いたことがあります。そこでこのfaggotという言葉がオンラ
インゲームで使われた罵倒語の実例として出てきた瞬間にその場の
空気が凍り付いていました。

「フェアリーテール・オブ・ニューヨーク」の歌詞は、文脈からし
ても、ザ・ポーグスとマッコールが差別的な言葉を使ったことが問
題ではなく、**イギリスやアイルランドで使われていた古い意味が廃
れて、アメリカ英語の意味が覇権を握った**という問題の一例として
捉えた方がいいかもしれません。この言葉が今、人にもたらすネガ
ティヴな衝撃はあまりにも大きいので、ラジオやテレビで流すとき
に歌詞を変えたり、「ビーッ」という音で消したりしようとする動き
は非常に理解できるものです。歌詞を書いたマガウアン自身、公共
放送などで消音されることには抗議しない[注5]と言っています。

英米の意味の違いが引き起こしたSNSアカウント凍結

　この言葉については、アメリカ英語とイギリス英語の違いのせい
で起こった問題がほかにもいろいろあります。イギリス英語のfaggot
にはもう一つ意味があります。**臓物で作ったハンバーグのような伝
統料理を「ファゴット」と呼び**、イギリスにはこれが好きな人がた
くさんいます。ところが、アメリカの企業であるFacebook（フェイス
ブック）が、この料理について書いたイギリス人のアカウントを凍結
したことがあり、ネット上のゴシップ記事などでとりあげられて笑

[注5] Conor Pope, 'Fairytale Ending: Shane MacGowan Explains 'Faggot' Reference in Christmas Song', *The Irish Times*, 7 December 2018, https://www.irishtimes.com/culture/music/fairytale-ending-shane-macgowan-explains-faggot-reference-in-christmas-song-1.3723622, accessed 15 April 2023.

いの種になりました[注6]。

　さらに、**fag** という言葉があり、これは、**アメリカ英語では faggot と同様、同性愛者に対する侮蔑語になりますが、イギリス英語での一般的な意味は「たばこ」です**。なお、日本語で「ファゴット」と聞いて思い浮かぶ大きな木管楽器は、英語では 'bassoon'（バスーン）と言うことが多いと思います。イタリア語ではこの楽器は 'fagotto' となり、英語でもこの言葉をそのままのつづりで使うこともあります。

[注6] Miranda Prynne, 'Man Banned from Facebook for Liking Faggots', *The Telegraph*, 1 November 2013https://www.telegraph.co.uk/technology/facebook/10419598/ Man-banned-from-Facebook-for-liking-faggots.html, accessed 15 April 2023.

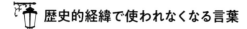 **歴史的経緯で使われなくなる言葉**

　faggot以外にも、来歴を見ると特に問題はないのに、状況の変化に応じて使われなくなってきている言葉があります。代表格は、**'niggard'**（ニガード）です。これは、「**けちくさい**」という形容詞、あるいは「**けち**」という名詞の用法がある言葉です。私が研究しているシェイクスピアなど近世の文献には頻出し、20世紀に入ってもよく使われていました。

　しかし、この言葉には問題がありました。**アフリカ系の人に対する最悪の差別語**である「Nワード」こと**'nigger'**（ニガー）に響きがそっくりなことです。そのため、聞いたときの語感があまりにも悪く、**niggardとその副詞niggardlyは現在、好まれなく**なってきています。

　言葉は時代の流れに沿ってダイナミックに移り変わる生き物なので、はやり廃りは仕方のないことです。古典や言語を研究するなら、単語の歴史を研究して、意味の移り変わりをしっかり理解する必要があります。昔は普通に使われていたからといって、現在も無頓着に使っていいわけではありません。特に声に出す場合、予想以上に大きいショックを聞く人に与えることもあるので、注意が必要です。

ティモシー・シャラメの
会話を聞いてみよう
～Apple TV+の広告

 わけの分からない文は文脈を見る

I could do weird.

　上の引用はどういう意味か、分かるでしょうか？　ちょっと英語を学んだことのある人なら、なぜ他動詞doの後に名詞の目的語ではなく、形容詞のweirdが来てるんだ……？　と思うかもしれません。くだけた言い方で、weirdの後にthingsなどが省略されているのかもしれないと思う人もいるかもしれませんね。ふつう、こういう文で必要なのは前後の文脈を見ることです。この種の短くてわけの分からない文を見かけたら、まず文脈を確かめないといけません。

　この文は2023年1月21日にApple TV+が配信した広告である 'Call Me with Timothée Chalamet' 「電話ちょうだいね（主演：ティモシー・シャラメ）」に登場したセリフです[注1]。この広告は、映画スターのティモシー・シャラメがApple TV+の作品に出たがる様子を描いた

[**注1**] 'Call Me with Timothée Chalamet', Apple TV+, 21 January 2023, https://www.youtube.com/watch?v=-p89peAjbLA, accessed 17 February 2023.

もので、シャラメがいろいろな Apple TV+ の番組に羨ましそうにコメントし、最後はベッドに倒れて上目遣いで 'Hey Apple, call me.' (ねえアップル、電話ちょうだいね) と言って終わるという構成です。シャラメの出世作は『君の名前で僕を呼んで』(*Call Me by Your Name*, 2017) なので、おそらく 'call me' のところはそれにかけているのでしょう。

シャラメのdoの使い方

問題のセリフ 'I could do weird.' は、シャラメが Apple TV+ のいろいろなドラマにコメントするところで出てきます。まずシャラメはスポーツが主題のコメディドラマである『テッド・ラッソ——破天荒コーチがゆく』(*Ted Lasso*) の宣伝看板を見て 'I could do TV.' (僕、テレビだってできるよなぁ) と言います。次にシャラメは風変わりな SF スリラーである『セヴェランス』(*Severance*) を見て '*Severance* is weird.' (『セヴェランス』ってヘンテコだよなぁ) と言った後、この 'I could do weird.' を口にします。『ウィアード・テールズ』(*Weird Tales*) という有名なホラー雑誌があるくらいで、weird というのは一風変わったホラーやファンタジー、SF を形容する際によく使われる単語です。この文脈を見れば大体分かると思いますが、ここでシャラメが言っている 'I could do weird.' の意味は 'I could do weird [shows].' みたいな意味で、「僕、ヘンテコな番組だってできるよなぁ」というようなことを言いたいわけです。

この後、シャラメは刑務所ものである『ブラック・バード』(*Black Bird*) について 'I guess I could do prison.' と言っています。ここまで

の流れを見ると、これはもちろん「僕、刑務所にだって入れると思うなぁ」という意味ではありません。「僕、刑務所ものだってできるよなぁ」という意味です。少し注意が必要なのは、ここでprisonという言葉が突然出てきていることです。ここまでは『テッド・ラッソ──破天荒コーチがゆく』がApple TV+の配信シリーズだということや、『セヴェランス』がweird（ヘンテコ）な番組であることが看板の宣伝文句やシャラメ本人のセリフで明確に示されていました。しかしながら『ブラック・バード』については、どういう話かという説明がなく、いきなり 'I guess I could do prison.' と言っています。一応、シャラメが見ている『ブラック・バード』の静止画像は刑務所っぽくはあるのですが、見えるのは一瞬です。『テッド・ラッソ──破天荒コーチがゆく』、『セヴェランス』、『ブラック・バード』は3作いずれも Apple TV+ の稼ぎ頭と言えるようなシリーズでアメリカでは大変人気があるので、アメリカの視聴者にとってはどれもあまり説明は要らないと思われます。しかし、『ブラック・バード』だけは「刑務所ものだっていうことはみんな知っているでしょ」というような前提でprisonが出てきているので、Apple TV+のシリーズに馴染みのない日本の視聴者はちょっと考える必要があるかもしれません。

仮定法のcouldに要注意

　もうひとつ注意しないといけないのはcouldの意味です。こういうcouldは英会話で頻出します。すでに仮定法についてはROUTE 1-04でやりましたが、このcouldも if節のない仮定法みたいな感じで

考えるのが一番、分かりやすいでしょう。

『オクスフォード英語辞典』では'can'の17番目の意味にcouldの'Expressing an inclination in a conditional form. Chiefly in the first person, or in narrative implying first-person use.'「仮定法で意思を表現する。主に一人称か、一人称を含意する語りで用いる」使い方についての説明があります[注2]。さらに枝番17b(a)の意味として'*could* with infinitive, used in relation to the present or future: have an inclination to, feel that one is able to.'「couldを不定詞と一緒に用い、現在か未来に関して：〜する傾向がある、〜できる気がする」という記述があります。シャラメはおそらく'I feel that I am able to do 〜'のようなニュアンスでcouldを使っているので、「僕、〜だってできるよなぁ」のような意味になるでしょう。帰結節だけを用いながらこういう気持ちを表す、条件節がないのに仮定法っぽい表現は日常的な場面でも使われます。

🏮 会話に出てくる使える表現

このシャラメが出演したApple TV+の広告はシリーズになっており、私がこれを書いている2023年2月17日の時点で3本作られていますが、いずれも覚えておくとちょっと便利そうな英語表現が出てきます。同じ'Call Me with Timothée Chalamet'の終盤では、『DUNE/デューン 砂の惑星』(2021)でシャラメと共演したジェイソン・モモアがシャラメに親しげにビデオ電話をかけてきて、'I just wrapped my new Apple series'（ちょうど僕の新しいAppleのシリーズを撮り終えたと

[注2] 'can, v.2', OED Online, Oxford University Press, https://www.oed.com/view/Entry/26858, accessed 3 May 2023.

こなんだよ）と言います。

　こういうwrapは映画やドラマなどの撮影を「終える」という意味
で、エンタテイメント系のニュース記事では頻出単語です。友達の
モモアもApple TV+のシリーズに出たと知ったシャラメはちょっと
羨ましそうに 'Wait, you have a new Apple show?'（ちょっと待ってよ、君、
新しいAppleの番組やってるの？）と聞きます。モモアはスマホの画面越し
に自信ありげな表情で、'At this point, who doesn't?' と答えます。

　この 'At this point' は「この時点では」ということですが、これは
「今はApple TV+の番組がこんなに高評価で人気があるんだから
……」という含みです。'who doesn't?' はいわゆる反語で、「誰がや
らないって？」つまり「そりゃあ誰でもやるよね」というような意
味になります。これが反語であることは、モモアの「当然だろ」み
たいな表情を見ればすぐ分かると思います。ここでモモアが使って
いるような短い表現を使えるようになると生き生きした英会話がで
きると思うのですが、そこまでのレベルに到達するのはなかなか難
しいかもしれません。

 ## Pretty sick.の意味は？

　第2弾となる 'A Taste with Timothée Chalamet'「テイスト（主演：
ティモシー・シャラメ）」[注3] でも、シャラメがApple TV+の豪華な俳
優が出演する番組ラインナップを見て 'Pretty sick.' と言うところがあ
ります。ふつう sick は「病気の」という形容詞として覚えている人

[注3]　'A Taste with Timothée Chalamet', Apple TV+, 31 January 2023, https://www.youtube.
　　　com/watch?v=JC6cqQ4c4n8, accessed 17 February 2023.

が多いと思いますが、これは悪い意味の形容詞をあえて逆の意味で使う口語的な表現で、「とても素晴らしい」という意味になります。つまりシャラメは Apple TV+ を「すごくイイね」と褒めているわけです。

この種の悪い意味の形容詞を逆の意味で使うというのは結構あり、bad も「すごくイイ」の意味で使うことがあります。この場合、比較級は worse ではなく badder、最上級には worst ではなく baddest になります。なんでわざわざそんな言い方を…と思うかもしれませんが、日本語でも「ヤバい」はけなす時でも褒める時でも使いますね。ちょっと判断しにくいこともありますが、文脈を考えれば「ヤバい」がいい意味か悪い意味か、分かることのほうが多いと思います。sick も bad と同様で、文脈を考える必要があります。

Apple TV+ の広告は短く、便利な日常表現が出てくる上、ティモシー・シャラメは比較的聞き取りやすいはっきりした英語を話すという良い点もあります。広告なので内容を全部真に受けてしまう必要はありませんが、わりと英語の勉強になるかもしれないと思います。むしろ、こういう短い映像のほうが飽きずに見て勉強できると思う人もいるかもしれません。YouTube で見れば英語字幕もつきますので、是非字幕を参照しながら見てみてください。

〈参考資料〉
■ 'Ladybug with Timothée Chalamet', Apple TV+, 7 February 2023, https://www.youtube.com/watch?v=5MAeiOzV3kI, accessed 17 February 2023.

英語ジョークの
隘路(あいろ)を切り開く

Brexitから『ザ・シンプソンズ』まで

散策ルート2

人工知能とジョークの楽しみ〜
会話が苦手なシェイクスピア研究者の
英語コミュニケーションのための秘策

英会話が苦手なまま大学院留学で初渡英

　私は今でこそ、シェイクスピア研究者などという、英語を日常的に使う仕事をしていますが、北海道の田舎で育ったため、子どもの頃は学校やテレビの教育番組、映画や洋楽など以外でナチュラルな英語の会話に触れられる機会はほぼありませんでした。21世紀の現在と違ってiTunesもYouTubeもなく、無料でネイティヴスピーカーの英語を聞ける機会は段違いに少なかったのです。高校を卒業して東京に出てからは英会話に触れる機会が少し増えましたが、大学院博士課程で留学するまで一度もイギリスに行ったことがなく、英語を聞いたり話したりすることはとても苦手でした。

　この項では、そんな私がどうやってイギリス生活で即死しなくて済む程度には英語でのコミュニケーション方法を身に付けることができたのかを書きたいと思います。

　イギリスに行ったときに特にきつかったのは、私の研究分野が演

劇ということでした。シェイクスピア劇を研究するからにはとりあえず劇場で芝居を見なければなりませんし、もちろん全部英語の演目です。聞き取りができないと相当つらい分野ですが、私はリスニングがそんなに得意ではありませんでした。

　さらなる問題は、私はもともと日本語ですら、よく知らない人との対面コミュニケーションがほとんどできないくらい社交スキルがないということです。親しい人であればいくらでも話せるのですが、親しくない人とあいさつするとか、テーマのない会話をするとかいうことがとても苦手でした（ごく最近になってから分かったのですが、私は軽い発達障害があり、おそらくこうした社交的なコミュニケーションは一生、できるようにならないだろうと思います）。初めてイギリスに行くのですから知っている人はまったくいませんし、そんな性格で第二言語での会話なんてできるわけがありません。

分からない、だからこそ形から入る

　そんな中で私が英語とイギリス生活に少しでもなじむためにやったのが、形から入ることです。お芝居を見に行ったら、英語がよく分からなかろうと、ジョークがあまりぴんとこなかろうと、みんなが笑っているところで必ず周りに合わせて笑うようにしました。イギリスの劇場の学生料金は安かったので、週に1、2回くらいはお芝居に行っていました。事前に台本を読んでいるシェイクスピア作品はともかく、地方が舞台の方言のお芝居とかはほとんど英語が分からないこともありましたが、そんなときでも必ずみんなが笑ってい

るところでは笑うようにしました。

　これを1年くらいひたすら続けていると、どういうわけだか多少英語が分かるようになり、さらにジョークの面白いところも少しずつ分かるようになりました。イギリスやアイルランドの人たちのユーモア感覚は日本と相当に違い、日本だと笑いが起きないようなところでみんなが笑うことがあります。そういう機微も、周りをまねて笑い続けているとだんだん分かるようになってきます。このため、現在では私は学生と一緒に授業で映画や舞台の映像を見ていて、一人だけみんなが笑わないところで爆笑して怪しまれたりすることがあります。

　ずいぶん変な学習法だと思う人もいるかもしれませんが、これは私にとっては自然なことでした。私はそもそも日本語を使う環境ですら、人の感情とかその場にふさわしい振る舞いとかがよく分からないことがほとんどなので、できるだけ他人をまねてごまかそうとしていることが結構あったからです。イギリスでも、周りの人をまねすればなんとかなるのではないかと思いました。

HAL 9000のように笑いを覚える

　なんだか不思議な話のように思えますが、よく考えると言葉というのはまねをして覚えるものです。子どもは周りの人の発話を聞いてまねをして覚えますし、もう少し大きくなってから人が第二言語を学ぶときも教科書やネイティヴスピーカーといったお手本をまね

して勉強します。

　これはひょっとすると言葉のみならずコミュニケーション一般についても言えることなのかもしれません。私たちはコミュニケーションを人まねで覚えます。笑いのセンスなどもおそらくは環境から与えられた刺激で身に付けたものでしょう。そう考えると、まねをして笑ってさえいればジョークもだんだん分かってくるというのは、そこまで奇っ怪なことではないのかもしれません。

　イギリスのお芝居を見てだんだん笑えるようになってきたときの私は、自分のことを映画『2001年宇宙の旅』（*2001: A Space Odyssey*, 1968年）に出てきたコンピューターのHAL 9000みたいだと思いました。

HAL 9000は高性能の人工知能で、いろいろな情報を学習し、人間をまねるうちに自我が芽生えてきます。周りのまねをするうちにジョークで笑うところが分かるようになった私は、HAL9000と大して変わりません。自我や感情を持つようになったコンピューターというのは人間にとって恐怖の対象で、よくSFやホラーに出てきますが、これは人間自身が周りのまねをするうちに意識を持つようになる存在だからかもしれません。

笑いはコミュニケーションのための武装

　コミュニケーション下手で、人まねで乗り切ることくらいしかできない私にとって、笑いは大きな味方です。コミュニケーション下手な人は他人を笑わせるのは苦手だとか、あんまりユーモアのセンスがないとか、真面目だとかいう印象を持っている人もいるかもしれませんが、それは大きな間違いだと思います。事前にきちんと練ったネタを考えて披露するだけなら、コミュニケーションが下手な人でもできるし、場を盛り上げることができます。

　ジョークを言って笑ってもらえるとうれしいので、気分よく自信を持って話せるということもあります。私は国際学会で発表するときは必ず、発表に盛り込むためのジョークを考えていきます。真面目な学会でジョークなんて必要か……？と思う人もいるかもしれませんが、実は学会でジョークを言う発表者は結構います。特に英語を第一言語としない発表者にとっては、最初にちょっとジョークを言うと場が和んで話しやすい雰囲気になるので、笑いは強い味方、

コミュニケーションが下手な人にとってぴったりの武装なのです。

ジョークの腕を磨く意味

　もちろん、差別ネタとかすごい自虐ネタ、下品な冗談は学会ではやめた方がいいと思います（学会で議論が白熱して、下品な内容についてものすごく真面目に論戦している研究者たちを見てちょっとおかしくなってしまうことは私の場合、結構ありますが……）。それに、学会で披露するジョークは研究発表に絡めたネタになるので、その場以外ではまったくウケない、というかそもそも意味が分からないかもしれないものも多くなってしまいます。それでも、たとえ簡単なジョークであっても場を和ませるのに役立ちます。スタンダップコメディアンじゃないのに、なんで国際学会で発表するからと言ってうんうんうなりながらジョークを考えてるんだろう……と思うこともありますが、第二言語でのコミュニケーションの訓練に気を抜かないという点ではこういうことも必要なのだろうと思っています。自分らしいジョークを書くのも、コミュニケーションを学ぶことの一環です。

〈参考文献〉

■ Saku Yanagawa、『Get Up Stand Up! たたかうために立ち上がれ！』産業編集センター、2021。
■ Judy Carter, *Stand-Up Comedy: The Book*, Delta, 1989.

イギリスで「面白い」として選ばれた
一言ジョークは本当に笑えるのか?

読解が最も難しいのはジョーク

　ここでは、文法や表現はそんなに難解ではないものの、英語の読解としては最もハイレベルだと私が考えているものを紹介したいと思います。ROUTE 2-01の話から想像がつくと思いますが、それはジョークです。**ジョークは時事問題を扱っていたり、言葉遊びが含まれていたりする**ので、相当に英語の運用能力が高い人でも、とっさには理解できないものの方が多いと思います。
最近の英語のジョークをいくつか取り上げて、意味を解説します。

　スコットランドのエディンバラで毎年、開かれているエディンバラ・フェスティバル・フリンジ(Edinburgh Festival Fringe)という舞台芸術祭があります。この芸術祭では、演劇だけではなく、スタンダップコメディ(日本で言う漫談に近いお笑い芸)などの演目もたくさん上演されます。毎年、一番面白いジョークを決める投票なども行われています。

[注1] ‘Edinburgh Fringe Funniest Joke: Vegetable Gag Wins Top Prize’, BBC, 19 August 2019, https://www.bbc.com/news/uk-scotland-edinburgh-east-fife-49389208, accessed 15 April 2023.

BBCの記事[注1]が投票結果を伝えています。この記事によると、2019年のエディンバラ・フェスティバル・フリンジで1位に選ばれたジョークは、スウェーデンのコメディアンであるオラフ・ファラフェル（Olaf Falafel）による次のものでした。

> I keep randomly shouting out 'Broccoli' and 'Cauliflower' — I think I might have florets.

　難しい単語は1語だけ、最後の 'florets' です。これは「花蕾<ruby>花蕾<rt>からい</rt></ruby>」、つまりブロッコリーやカリフラワーの先にある小さな花のような部分を指します。直訳すると、次のようになります。

> 日本語訳：
> 手当たり次第に「ブロッコリー」とか「カリフラワー」とか叫び続けちゃうんだよね。花蕾でもあるのかも。

　これだけだと何が面白いのか全く分からないと思います。このジョークのポイントは、florets が Tourette's、つまり「トゥレット症候群（Tourette's syndrome）」と**韻を踏んでいる**ことです。

　トゥレット症候群には、本人にはそうする意思がないのに、コントロールできずにののしり言葉や叫び声などを発したり、体が動いたりしてしまう症状があります。つまり、「ブロッコリー」とか「カリフラワー」とか手当たり次第に叫んでしまうのはトゥレット症候群の症状に似ていますが、ののしり言葉ではなく花蕾がある野菜の

名前を叫んでしまうので、自分はトゥレット（英語の発音は「トゥレッツ」）ならぬフロレッツを患っているのでは、というのがこのジョークの意味です。理解するのにかなりの語彙力と知識が必要です。

映画『ジョーカー』（*Joker*, 2019年）をご覧になっていれば、スタンダップコメディアンを目指しているアーサーが勝手に笑ってしまう症状を患っていたことを覚えていると思います。アーサーの症状は映画の中では明示されておらず、トゥレット症候群に似たところがありますが、トゥレット症候群そのものではなく、それに似た症状を呈する情動調節障害の一種がより近いのではないかという指摘もあります[注2]。映画の中では病名が特定されていないのではっきりしたことは分かりませんが、この映画が公開された際、様々な類似の障害を抱えた観客がアーサーを見て、ホアキン・フェニックスの演技を話題にしていました。こうしたトゥレット症候群やそれに類似する疾患は社会生活に深刻な影響を及ぼし、差別の原因になり得ます。

このジョークがエディンバラ・フェスティバル・フリンジで1位になった後、イギリスのトゥレット症候群団体がオラフ・ファラフェルに抗議を申し入れたことを、別のBBCの記事[注3]は伝えています。身近にトゥレット症候群やそれに類似する疾患を抱えた人がいたり、『ジョーカー』を見ていたりすれば、このジョークの意味が分かってもあまり面白いとは思わないかもしれません。言った人に悪気がなくても、疾患をネタにしたジョークというのは、誰かが苦しんでいる症状を軽く見ているものと受け取られる可能性があります。

[注2] 北村紗衣、「受動的な創られたヴィラン〜『ジョーカー』（ネタバレあり）」、Commentarius Saevus, 2019年10月9日、
https://saebou.hatenablog.com/entry/2019/10/09/235405、2023年4月16日閲覧。
'A Doctor's Take on Joker', Raffles Health Insurance, 11 November 2019, https://www.raffleshealthinsurance.com/blog/health/a-doctors-take-on-joker/, accessed 26 February 2023.

2019年のエディンバラ・フェスティバル・フリンジのジョークで面白かったものの候補一覧は、最初に紹介したBBCの記事で全て読むことができます。この中で、英語学習者でも理解できそうで、よく使われる慣用表現が入っているものを2つほど紹介したいと思います。

イギリス王室もジョークの種に

　ミルトン・ジョーンズ（Milton Jones）によるBrexit（ブレグジット、イギリスのEU離脱）についての次のジョークを見てみましょう。

> What's driving Brexit? From here it looks like it's probably the Duke of Edinburgh.

　訳は次のようになります。

> 日本語訳：
> Brexitを動かしてるのって何なわけ？　ここから見ると、たぶんエディンバラ公みたいに見えるけど。

　このジョークは、**'drive'に2つの意味**があることがポイントです。最初の文にあるdriveの意味は「駆り立てる、動かす」です。Whatが主語の疑問文なので、文字通りに解釈すると、「何がBrexitを駆り立てているのか？」という質問になります。しかし、driveには「車を運転する」という意味もあり、その連想でエディンバラ公が出てきます。エディンバラ公フィリップはイギリス女王エリザベス2世

Rosario Marcelo, 'What Mental Condition Does The Joker Have?', *Latin Times*, 14 October 2019, https://www.latintimes.com/what-mental-condition-does-joker-have-447838, accessed 26 February 2023.

[注3] Alice Evans, 'Edinburgh Fringe: Tourette's Charity Wants Apology over Award-winning Joke', 19 August 2019,
https://www.bbc.com/news/uk-49395718, accessed 16 April 2023.

の夫君で、このジョークが出た時点で98歳でした（2021年没）。BBCの報道記事[注4]で読めるように、2019年1月に自分で車を運転中に交通事故を起こしています。つまり、このジョークでエディンバラ公が出てくるのは、事故を起こすくらい運転がヘタクソだからです。イギリスのEU離脱はあまりにもメチャクチャな経緯をたどっているので、まるで交通事故レベルで、エディンバラ公が運転しているとしか思えないくらいひどい、という意味のジョークなのです。

フレーズの意味がカギの入門ジョーク

もう一つ、覚えておくと役立ちそうな英語表現が入っているのが、ジェイク・ランバート（Jake Lambert）による次のジョークです。

> A cowboy asked me if I could help him round up 18 cows. I said, 'Yes, of course. — That's 20 cows.'

訳すと次のようになります。

> 日本語訳：
> カウボーイが、牛を18頭集めるのを手伝えるかって聞いてきたんだ。「もちろんできますよ、20頭の牛ですね」って言っておいたよ。

この訳だけだと、何が面白いのか全然分かりません。これは、**'round up' に2つの意味がある**ことがポイントです。1つ目は「（牛な

[注4] 'Prince Philip 'Deeply Sorry' after Sandringham Car Crash', BBC, 27 January 2019, https://www.bbc.com/news/uk-47017855, accessed 16 April 2023.

どを）集める」という意味、2つ目は「数字を端数がない形に切り上げる」という意味です。つまり、カウボーイは1つ目の意味で言っていますが、答えた人は2つ目の意味で使っていて、18頭という数字を20頭に切り上げているのです。これはジョークとしてはかなり分かりやすい方だと思います。

言語のターゲット層の一員になる

このように、ジョークは、単語や文法は難しくないことが多いのですが、きちんと理解するにはかなりの背景知識が必要です。外国語の理解力というと、複雑な長い文章を読みこなせるようになるとか、難しい表現を覚えるとか、そういった方向に注意が向きがちです。しかし、実は最も難しいのは、このような文化的背景の部分です。

言葉はほとんどの場合、特定のターゲット層に向けて発せられるもので、**発信する人と受け取る人の間に何らかの共通する文化が想定**されているのが普通です。この共通する文化が全く分からないと、文章自体が全然、理解できないということも起こり得ます。本当にしっかりと言葉を理解したいのであれば、自分がその言語のターゲット層や、共通する文化圏に入る必要があるのです。これは至難の業ですが、普段からニュースなどを読んだり聞いたり、分からないことがあったらまめに調べたりすることで、少しずつ文化的背景の知識を身に付け、理解力を高めていくことができます。

アイルランドのお笑いグループ
「フォイル・アームズ・アンド・ホッグ」の
Brexitジョーク

アイルランド英語も字幕を参照すれば分かる

　ROUTE 2-02ではエディンバラ・フェスティバル・フリンジでのジョークを紹介しましたが、今度はアイルランドの人気お笑いグループで、YouTubeでコントを無料配信しているフォイル・アームズ・アンド・ホッグ（Foil Arms and Hog）の寸劇を取り上げます。フォイル・アームズ・アンド・ホッグは、ショーン・フィネガン（Sean Finegan）、コナー・マッケナ（Conor McKenna）、ショーン・フラナガン（Sean Flanagan）の3人組で、アイルランドのネタをやるお笑いトリオです。このグループが配信しているコントのいいところは、わりとちゃんとした字幕が付いているので、日本の学習者にはちょっと**聞き慣れないかもしれないアイルランド英語でも、字幕を読めば分かる**という点です。

イギリスへの移民審査が題材のコント

　このグループが作っているコント動画のシリーズで、いろいろな

国に移民する時の審査を扱ったものがあります。'UK Immigration Test'（イギリスへの移民審査）[注1] という動画は、2人のアイルランド人がイギリスに移民しようとして、**移住のための審査**を受けているという設定のコントです（まずは YouTube で見てみていただけると幸いです）。長めのコントなので一つ一つは解説しませんが、文法やシャレなどでポイントになりそうなところ、勉強になりそうなところを説明していきたいと思います。

プレミアリーグはどんなスポーツを見せる?

最初の質問は 'The Premier League is the showcase of which English popular sport?' です。こうした形の疑問文は、もしかしたらあまり聞き慣れないかもしれません。意味は、「プレミアリーグはイングランドのどの人気スポーツを見せるところですか？」です。

疑問詞の which を前に持ってくる普通の疑問文ではなく、まず「プレミアリーグは○○を見せるところです」という文を作って、この「○○」のところに、which で始まる 'which English popular sport'（イングランドのどの人気スポーツ）という言葉を入れて、疑問文にしています。こうした形の疑問文は、日常会話ではよく使われます。複雑な文だと、このように**聞きたい箇所だけを疑問詞に差し替えて**しまうのです。

この質問への答えが謎めいていて、'Diving.' という一言だけです。プレミアリーグはサッカーのリーグなので、普通の答えなら 'Football.'

[注1] 'UK Immigration Test — Foil Arms and Hog', Foil Arms and Hog, 7 September 2017, https://youtu.be/dSHrMFeevzA, accessed 16 April 2023.

となるはずです（イギリス英語では 'football' が「サッカー」を指します）。'diving' には「ダイビング、（水泳の）飛び込み」という意味がありますが、実はこの **dive はサッカー用語で、ある選手が、対戦相手チームの選手から反則（ファウル）に該当する行為を受けたふりをすること**を指します。そうすることで自分のチームを利そうとする、ずるい行為です。しかしコントではこれが正解とされています。プレミアリーグではそういう行為が横行している、という皮肉です。

conversion rateの2つの意味とは？

その次に出てくるかなり難しいやりとりが、'What is the current sterling conversion rate?' です。'sterling' はイギリスの通貨である「スターリング・ポンド」のこと、**'conversion' がお金の「換算」**という意味です。これは「現在のポンドの交換レートはどのくらいですか？」という質問です。

明日から銀行で使えそうな実用的なセリフですが、どういうわけか答えは、'About one goal in every 10 games.'（10ゲームごとに1ゴールくらいです）となっています。何が何だかさっぱり分からない方もいるでしょうが、これは**サッカー用語で 'conversion rate' が「決定率」**という意味になることに引っ掛けたジョークです。'sterling' はマンチェスター・シティの有名なサッカー選手、ラヒーム・シャキール・スターリング（Raheem Shaquille Sterling）を指しています。つまり、質問の表面的な意味は「現在のポンドの交換レートはどのくらいですか？」なのですが、聞かれた方は「スターリング選手の現在

の決定率はどのくらいですか？」に取った、ということです。この
コントはとにかくサッカー関係の話題が多く、**イギリス人がいかに
サッカーにこだわりを持っているか**ということをネタにしたものに
なっています。

バラの戦争は、歴史的なアレではなくて……？

　次に、'When was the War of the Roses?' という質問と回答を見ま
す。'the War of the Roses' は、**中世にヨーク家**（白バラが一族の紋）**と
ランカスター家**（赤バラが一族の紋）**が争った薔薇戦争**を指します。「薔
薇戦争はいつのことでしたか？」と歴史的出来事が起こった時期を
聞くものですが、答えは 'Last Christmas, when Cadbury's reduced the
size of the tin.' です。

　関係副詞 when が Last Christmas に係っていて、Cadbury's は有名
なチョコレートメーカーの「キャドバリー」なので、「去年のクリス
マス、キャドバリーが自社製品であるチョコレート缶のサイズを小
さくしたとき」という意味です。これは、ブリテン諸島（イギリスや
アイルランドなどの島々）でクリスマスの時期などに Cadbury Roses と
いう**バラをパッケージデザインのモチーフにしたチョコレート**が売
られていることに引っ掛けたものです。キャドバリーはイギリス人
やアイルランド人なら誰でも知っているブランドなので、覚えてお
いて損はありません。

イギリス人の移民審査官が知りたいことは？

　ほかにもいろいろと言葉遊びを使った風刺ネタやら芸能人ネタやらが続くのですが、最後に移民審査官がする質問が強烈なオチになっています。それは、'How would I get myself an Irish passport?' という質問です。助動詞のwouldは仮定法の帰結のような意味で、「もしそうするつもりだとしたら、どうしたらいいでしょう？」みたいな含みのある言い方になっています。'get myself' のmyselfは「自分自身に」ということで、ここでは目的語として機能しています。つまり、全体の意味としては、「どうやったら自分用にアイルランドのパスポートを取得できますかね？」のようになります。

　移民審査官自身がどうやらアイルランドに移民したがっているらしいというオチなのですが、これはかなり辛辣な時事ネタで、イギリス人やアイルランド人ならすごく笑うところです。というのも、アイルランドは、（このコントが発表された当時のイギリスと同様）EU加盟国で、歴史的にイギリスに移民を大量に送り出してきた国です。またアイルランドは、北アイルランドがイギリスに所属している分断国家だという事情があるため、イギリス人にとって国籍の要件がかなり緩く、パスポートが比較的取得しやすくなっています。英語が通じますし、アイルランドに親戚が住んでいるとか、仕事上つながりがあるとかいうイギリス人もたくさんいます。

　このため、イギリスのEU離脱が決まって以降、**EU内で自由に移動したり、働いたり、教育を受けたりする権利を失いたくないイギ**

［注2］ Colin Drury, 'Brexit: Record Number of Irish Passports Issued as Britons Seek to Keep EU Citizenship', *The Independent*, 27 December 2019, https://www.independent.co.uk/news/uk/home-news/irish-passports-surge-in-applicants-after-brexit-simon-coveney-a9261031.html, accessed 16 April 2023.

リス人が、**アイルランドのパスポート申請**に大量に押し掛けました[注2]。アイルランドは、昔はイギリスに移民を送り出す国だったのですが、今やイギリス人がアイルランドの国籍を欲しがっているわけで、このコントはそれを風刺して終わっています。

なお、アイルランドとつながりのあるイギリス人がこの隣国のパスポートを申請した一方で、ユダヤ系のイギリス人は別の道を選びました。大陸側のスペインやポルトガルが、セファルディム系ユダヤ人（イベリア半島や北アフリカ、アラブ地域などに居住していたユダヤ人の子孫に当たる人々）が国籍を申請できる条項を持っていたため、こうした国々のパスポート申請を行ったのです[注3]。

Brexitは、政治コントに使えるネタの宝庫です。アイルランドアクセントの英語は少々聞き慣れないかもしれませんが、実は**アイルランドは芸能や舞台芸術の大国**です。お笑いやダンス、演劇、文学などの分野でたくさんの著名人を輩出してきました。個人的には、アイルランドは世界で一番、笑えるコンテンツを盛んに作っている国だと思っています。アイルランドのコメディにぜひ触れてみてください。

[注3] James Tapper, 'Britons Rushing to Take Spanish Exams So they Can Keep EU Citizenship', *The Guardian*, 26 May 2019, https://www.theguardian.com/uk-news/2019/may/26/britons-rush-spanish-exams-keep-eu-citizenship, accessed 16 April 2023.

ヴィクトリア朝の教養人 オスカー・ワイルドの英語が 「簡単」なのはなぜか?

「人工的」で分かりやすい英文を書く作家

　ヴィクトリア朝の英語というと警戒する方も多いかもしれません。19世紀イギリスの教養人が書く英語というのは読みにくいことも多いからです。しかし、私が自信を持って**簡単な英語の使い手だと言える超有名作家**が1人います。劇作家で小説家のオスカー・ワイルド（Oscar Wilde）です。

　ワイルドの文章はとても明晰でシンプルですが、これはおそらく、生まれや育ちが分からないような人工的な英語をあえて書いているからでしょう。ワイルドは、アイルランドのナショナリストだった著名な文人スペランザを母としてダブリン（当時はイギリス領）で生まれ、オクスフォード大学で学んだ教養人です。しかし、ワイルドの英語にはアイルランド民話の香りもなく、知識人風の華麗な長文もあまり出てきません。相当しっかり文章を書く訓練を受けてきた人が、気を付けて簡単に書いているような文です。

生まれや育ちが分からない?!

　ミュージカル『マイ・フェア・レディ』（*My Fair Lady*）をご覧になった方は分かると思いますが、**イギリスでは使う英語によって階級や生まれた場所などが推測できます**。『マイ・フェア・レディ』では、ロンドンの労働者階級の話し方を「矯正」したヒロインのイライザは、話し方が美し過ぎるせいでむしろ不自然な印象を与え、外国人なのではと疑われます。このように**育ちを隠すために人工的な話し方を身に付けた**実在の例としては、イギリス首相で田舎育ちだったマーガレット・サッチャーが有名です[注1]。話し言葉ではなく書き言葉ですが、ワイルドの文章にもちょっとそういう雰囲気があります。

　ワイルドの文章は読んでいて不自然なくらいクリアで、書き言葉版のイライザやサッチャーと言ってもいいかもしれません。では、なぜワイルドはそんな英語を書くのだろう？　ということですが、これについては、文は簡単だが、内容は簡単ではない、というところがポイントです。

　ワイルドは「中心」であるダブリンから外れた地域で育ち、19世紀としては先端的な思想の持ち主であり、同性愛が違法だった時代に男性の恋人と付き合っていました。ワイルドの作品は、普通に読んでいるだけだと書き手がどういう人だか全く分かりません。『ドリアン・グレイの肖像』（*The Picture of Dorian Gray*）や『サロメ』（*Salomé*）のような実験的な作品は別として、ヒットを飛ばしていた風習喜劇

[注1] 北村紗衣「さよなら、マギー〜「内なる抑圧」の誘惑には、名前を付けて抵抗しよう」、wezzy、2017年6月10日、
https://wezz-y.com/archives/47829、2023年4月16日閲覧。

や児童文学作品は、当たり障りのない楽しい作品のように読めます。

　しかし精読していくと、過激なメッセージや深い洞察、辛辣な風刺が見えてきます。書き手の身元が分からない英語は、いろいろな点で外れ者であるワイルドが、ロンドンの文壇で生き抜き、自分の書きたいことを追求するために身に付けた一種の仮面なのでしょう。

ユーモアあふれる幽霊譚

　そんなワイルドらしさが見て取れる文章をいくつか学んでいきましょう。英語教材としてよく使用される短編「カンタヴィルの幽霊」（'The Canterville Ghost'、1887年）は、イギリスの幽霊屋敷で暮らし始めたアメリカの富豪オーティス一家を、長年この家に住みついているサー・サイモンの幽霊が怖がらせようとするが、一家が全く驚かないので幽霊がどんどん弱っていく、という物語です。**よくある幽霊譚をひっくり返したユーモアあふれる展開**で、最後にはホロリとするところもあります。

　冒頭にある、アメリカからやって来たオーティス夫人の描写を見てみましょう。

Many American ladies on leaving their native land adopt an appearance of chronic ill-health, under the impression that it is a form of European refinement, but Mrs. Ortis had never fallen into this error. [...] Indeed, in many respects, she was quite

English, and was an excellent example of the fact that we have really everything in common with America nowadays, except, of course, language.

※ *Oscar Wilde's Short Stories*, p. 23

英文解釈に生きる高校の英文法

まずは、最初にある 'on leaving their native land' をかっこに入れましょう。高校の英文法で、**on + ～ ing** で「**～するとすぐに**」という意味だと習った方も多いと思いますが、これはその例です。「生まれた国を離れるとすぐに」ですね。

その後にある 'under the impression that' の that は、いわゆる**同格の that** で、前の名詞と同格で「～という」を表します。ここでは 'impression' に係っているので、「～という印象」になりますが、通常、この表現で使う **'impression' には「誤った印象」**という含みがあります。つまり、**'under the impression that' だけで「～と思い込んで」**という意味になります。その後の 'it' は前の 'an appearance of chronic ill-health' を指します。

最初の文を日本語に訳してみると、次のようになります。

アメリカのご婦人の多くは、それがヨーロッパ風の洗練された流儀だと思い込んで、生まれた国を離れるとすぐに慢性的な体

調不良だというような外見を採用するが、オーティス夫人は決してこのような過ちには陥らなかった。

　アメリカ女性が不健康そうな外見をヨーロッパ風の美しさだと思い込んでいる、というのはそれだけで**皮肉っぽくて面白おかしい**ところなのですが、この次に出てくる文はさらに笑える内容です。

Indeed, in many respects, she was quite English, and was an excellent example of the fact that we have really everything in common with America nowadays, except, of course, language.

　'Indeed' は「**実際**」という強調の言葉で、主語の 'she' はオーティス夫人を指します。'the fact that' の that は前に出てきたのと同様、同格の that です。分かりにくいのがこの that の後の 'we' ですが、語り手はイングランド人なので、これはイングランド人を意味します。**'have ～ in common'** は「**～を共有している**」という意味です。

高校レベルの英文法と大学レベルの読解

　簡単に見えて訳しにくいのは、'except, of course, language' です。このコンマ以下の部分は、**わざと最後に持ってくることで、意外性のあるオチ**をつけています。そのため、この箇所は英語の語順に合わせて、最後に別立てで訳出した方がいいでしょう。

　これを踏まえてこの文を日本語に訳してみると、次のようになり

ます。

> 実際、多くの点でオーティス夫人は相当にイングランド人であ
> り、われわれイングランド人と今日のアメリカには本当にあら
> ゆるところで共通点があるという事実の素晴らしい例だった。
> もちろん、言葉は除いてだが。

　これは、高校の英文法が分かれば完全に読み解けるようなレベル
の英文です。しかし、文がどういう効果を上げているか、というこ
とはおそらく大学レベルの読解です。ここで語り手が述べているこ
とは、常識で考えると完全におかしい……というか、イングランド
とアメリカについては、その文化は驚くほど違っているが、話して
いる言語だけは一応同じなので、互いに英語で意思疎通はできる、
というのが、世間的に受け入れられている考え方だと思います。と
ころが、この文では、**英米の一番の違いは話している言語で、それ
以外は同じ**だ、という、**読者の直感に著しく反する**内容を書いてい
ます。

　これは別に、書き手が真面目に英米の文化の共通性を論じたいわ
けではありません。この文は完全にジョークです。わざと読者が**ツ
ッコミを入れざるを得ないような変なこと**を言って、**結果的に英米
のカルチャーギャップがより強調される**、というような効果を狙っ
て書かれているのです。この物語は中盤辺りまではどんどん英米カ
ルチャーギャップ・コメディになっていくので、この文は明らかに
皮肉で面白おかしいものとして登場しています。

🏮 「常識」をひっくり返して考えさせる

ワイルドの作品には、著しく直感に反することを言って笑わせ、**ツッコミを通して読者や観客に考えさせる**効果をもたらそうとするところがたくさんあります。たとえば、戯曲『理想の夫』（*An Ideal Husband*、1895年）では、ダンディなゴーリング卿が次のように言うところがあります。

Fashion is what one wears oneself. What is unfashionable is what other people wear.（*An Ideal Husband*, 3.7-9）

※ *The Importance of Being Earnest and Other Plays*, p. 212

日本語訳：
ファッションというのは自分自身が着てるものなんだよ。ファッショナブルでないものってのは他人が着てるものだ。

---

be動詞と関係代名詞のwhatを使った簡単な文章ですが、これも普通に考えるとおかしい表現です。というのも、ファッションというのはみんなが着ていて流行している装いを指すはずだからです。しかし、独創性を重んじるちょっとばかり独善的な伊達男にとっては、**他人が着ているものなどというのは全然おしゃれではない**わけです。

ワイルドの英語は簡単で一見したところ軽薄ですが、その下には深い層が広がっています。文法的には難しくないので、初めて読む

文学的なテクストとしてはとてもおすすめです。参考文献に挙げているような、日本語の注釈付きの短編集の教科書などを参考にして、ぜひ全文に触れてみてください。

〈**参考文献**〉

■Oscar Wilde, *Oscar Wilde's Short Stories*, 大沢一雄 編注、朝日出版社、2012（初版1972）。

■Oscar Wilde, *The Importance of Being Earnest and Other Plays*, ed. Peter Raby, Oxford University Press, 2008.

「マラプロピズム」とは?
18世紀の戯曲『恋がたき』に
由来する英単語

 シェリダンによる18世紀の戯曲『恋がたき』

You have no more feeling than one of the Derbyshire putrefactions!

The Rivals, 5.1.217-218

　このセリフは、1775年に初演された、アイルランド人劇作家リチャード・ブリンズリー・シェリダン（Richard Brinsley Sheridan、1751-1816）の戯曲『恋がたき』（*The Rivals*）に登場する**マラプロップ夫人**の、めいのリディアに対する発言です。18世紀の英語にしては、文法的にはそんなに難しくないと思います。意味がまったく分からない単語は、たぶん‘putrefactions’だけでしょう。この単語の意味は「**腐敗**」とか「**堕落**」です。‘Derbyshire’は地名の「ダービーシャ」です。ここの‘one of the 〜’は「〜のどれか一つ」のような意味ですが、この文脈では特に訳出する必要はないでしょう。

　こうしたことを考えて訳してみると、「あなたときたら、ダービーシャの腐敗くらいの感情しかないんだから」という意味になります。

しかし、これでは全然、なんだか分かりませんね。「ダービーシャの腐敗」ってなんでしょうか？

　実はこのセリフ、'putrefactions' が言い間違いで、おそらくマラプロップ夫人が**言いたいのは** 'petrifactions'（石化物）という単語です。petr- は「石」や「石油」を指す接頭辞で（petrol［ガソリン］は石油由来ですね）、'petrifactions' は何かが石化するプロセス、あるいは石化の結果としてできたものを指す言葉です。**18世紀のダービーシャは化石で有名**でした。たぶんマラプロップ夫人が言いたかったのは、「あなたときたら、ダービーシャの化石くらいの感情しかないんだから」ということです。

　なんでこんなpetrifactionsみたいな難しい単語を使おうとするんだ、化石の話ならfossil[注1]（この言葉は18世紀にはすでに使われていました）とかでいいじゃないか、と思いますが、これは**マラプロップ夫人の性格造形上、重要**なのです。

マラプロップ夫人の名前が由来の英語malapropism

　実はマラプロップ夫人は、**やたら難しい言葉や気の利いた表現を使おうとして、しょっちゅう言い間違えてしまう**のが特徴のキャラなのです。この項で皆さんに覚えていただきたい単語は、マラプロップ夫人の行動から来ている単語、'malapropism'（マラプロピズム）[注2] です。マラプロップ夫人自身の名前は、**フランス語で「不適当に」や「見当違いに」を意味する** 'mal à propos' から来ています。

[注1]　'fossil, n. and adj.' OED Online, Oxford University Press,
　　　https://www.oed.com/view/Entry/73829, accessed 19 February 2020.

[注2]　'malapropism, n.' OED Online, Oxford University Press,
　　　https://www.oed.com/view/Entry/112760, accessed 19 February 2020.（アクセス制限あり）

そして、この芝居が当たったため、英語に 'malapropism' という単語が入りました。'malapropism' は、『オクスフォード英語辞典』にある定義を訳すと、「**言葉の滑稽な誤用、特にある言葉をほかの似ている言葉と間違えること**」で、1830年頃にはすでに使われていました。今でも結構使われる単語です。

🏮 マラプロップ夫人の「教育方針」はどこがおかしいのか?

マラプロップ夫人は『恋がたき』の中で四六時中、言い間違いをしています。おそらくこの芝居の中でいちばん、話している内容が理解しにくい人物です。ほかの登場人物がマラプロップ夫人の話を理解しているのかすら、定かではありません。

どの単語とどの単語の発音が引っ掛けになっているかに気付くのは、実は**ネイティヴスピーカーにとってもそれほど簡単ではありません**。マラプロップ夫人のセリフは、18世紀の観客には分かったのかもしれませんが、現代の観客にとっては、いったい何を何と間違えているのか、推測できないところも多いのです。その中から、比較的分かりやすそうなマラプロップ夫人の言い間違いを紹介しましょう。

次のセリフは、マラプロップ夫人が友人のサー・アンソニーに、娘に対する教育方針を話しているところです。sheは自分の娘を指します。

> But above all, Sir Anthony, she should be mistress of orthodoxy, that she might not misspell and mispronounce words so shamefully as girls usually do, and likewise that she might reprehend the true meaning of what she is saying.
>
> *The Rivals*, 1.2.223-227

　最初の行にある **'mistress'** は 'master' の女性形で、**'mistress of 〜 '** は「**〜に精通した女性**」くらいの意味になります。**'orthodoxy' と**いうのは「**正統な信仰**」というような意味ですが、この後を読むと「若い女性がよくやるように、つづりや発音をひどく恥ずかしい形で間違うことがないように」娘を教育しないといけないと言っています。そのため、どうもここは、信心の話をしたいわけではなく、**'orthodoxy'** は **'orthography'**（正字法）の言い間違いらしいことが分かります。さらにその後の箇所を読むと、**'reprehend'**（とがめる）が怪しいと気付きます。これは **'apprehend'**（[意味を]捉える）か **'comprehend'**（理解する）の言い間違いで、この部分は「自分が言っていることの本当の意味を理解できるように」ということです。ここでマラプロップ夫人は、読んだり話したりする時に間違った言葉を使わないことが重要だと主張しているわけですが、**本人が間違った言葉ばかり使っているので、その矛盾がおかしい**、という場面になっています。

 ## 英語の言い間違いを日本語にどう訳す？

　さて、とりあえず英文の意味が分かったところで、問題は、これ

は**芝居のセリフ**だということです。そのため、日本語などで上演する場合、マラプロップ夫人が間違ったことを言っていておかしいのだ、ということが、耳で**聞いただけで分かるように訳さないといけません**。これはほぼ不可能に近い**難業**と言っていいでしょう。

　『恋がたき』は翻訳が出ていて、ここはこんなふうに訳されています。

でも、何よりも望ましいのは、権疑ある植字法に精通することでござんすよ、サー・アンソニー。世間の娘たちがよくやるように恥ずかしげもなく、綴りを間違ったり、変な発音をしないで済みますもの。それに自分が何を言ってるかを、正確に誤解できますものね。

『恋がたき』竹之内明子訳、p. 34

　傍点の部分が、マラプロピズムが発揮された部分の訳です。訳者の竹之内明子はあとがきで「翻訳の限界を痛感した」（p. 196）と言っていますが、シェリダンはまったく翻訳者泣かせの作家です。

マラプロップ夫人から得られる教訓

　マラプロップ夫人ほどではありませんが、**音やつづりが似た言葉**をうっかり間違って使ってしまうことは、英語学習者には（時にはネイティヴスピーカーでも）よくあります。私がイギリスの大学院に通っていた頃、英語ネイティヴスピーカーの院生仲間が、疲れたときに

論文でdifficultとdifferentを書き間違えて意味不明な文章を先生に送ってしまったと嘆いていたことがありました。私も、**bilateralism**（左右対称、二国間主義）と**bipedalism**（二足歩行）とか、**tenor**（趣旨）と**tenure**（在職権）とかはたまに混同します。

　マラプロップ夫人のようにならないためには、英文を書くときにはきちんと**辞書を引きながら書く**というのが大事です。**単語をうろ覚えのまま使わず、意味を確認**しながら英作文を行いましょう。また、**話すときは、無理に難しい言葉を使わない**というのもよいかと思います。

〈参考文献〉
■リチャード・ブリンズリー・シェリダン『恋がたき』竹之内明子訳、日本教育研究センター、1990。
■Richard Brinsley Sheridan, *The School for Scandal and Other Plays*, ed. Michael Cordner, Oxford University Press, 2008.（*The Rivals*の引用はすべてこれによる）

Sherlock Holmes is a character.の2通りの意味とは?
米アニメ『ザ・シンプソンズ』の手ごわい英語ジョーク

聞き取りは難しいが格好の英語教材にもなるアニメ

　皆さんはアメリカのテレビアニメをご覧になることはあるでしょうか？　アメリカの大人も見るようなテレビアニメはセリフがかなり速く、登場人物もそれぞれ話し方に癖があって、英語学習者にとっては聞き取りが簡単ではないものがたくさんあります。しかし、面白くて社会的・文化的背景を知るのにぴったりの作品も豊富です。今回はその中から『ザ・シンプソンズ』（The Simpsons, 1989年〜）を取り上げて、人を表す単語であるcharacterの2つの意味を使ったジョークについて解説したいと思います。

文学に疎いことがジョークに

　『ザ・シンプソンズ』は1989年からFOX（フォックス）テレビで放送されているご長寿アニメで、英語圏では高い人気を誇っています。タイトルの The Simpsons は「the＋姓の複数形」で「〜一家」という意味になるので、「シンプソン一家」を指しています。架空の街

スプリングフィールドに住むホーマーとマージのシンプソン夫妻と、その子どもたちであるリサ、バート、マギーを中心に、時事ネタや政治風刺なども織り込んで、面白おかしくアメリカ地方都市の市民生活を描くギャグアニメです。

第11シーズン第14話「フランダースの悲しみにさよなら」('Alone Again, Natura-Diddily')では、シンプソン家の隣人で、信心深いキリスト教徒であるフランダース一家が大きく取り上げられています。このエピソードでは、ネッド・フランダースの愛妻であるモードが事故死してしまいます。**ホーマーは、寡夫になって落ち込んでいるネッドに新しいガールフレンドができるよう、お見合い用のビデオを作るなどのお膳立て**をします。

その中で、亡き妻をまだ忘れられないネッドと、ホーマーがこんな会話をするシーンがあります。

Ned: Homer, I'm having second thoughts. This feels so disloyal to Maude.

Homer: Oh, wake up, Ned. You think Maude isn't dating in Heaven?

Ned: You think she would ?

Homer: How could she not? The place is full of eligible bachelors. John Wayne, Tupac Shakur, Sherlock Holmes ...

Ned: Sherlock Holmes is a character.

Homer: He sure is!

日常会話に使える表現の宝庫

あまり聞き取りやすくはありませんが、**日常会話で使えそうな表現**がたくさん入ったやりとりです。スクリプトだけだと分かりづらいのですが、ここは**ホーマーの文学に関する無知に起因するジョーク**になっています。セリフ全体の意味を確認しながら、どんなジョークなのか見てみましょう。

最初にネッドが言っている 'second thoughts' というのは「2つ目の考え」で、つまり「再考」、**'have second thoughts' は「考え直す」**という意味です。続く文 'This feels so disloyal to Maude.' の 'This' は、新しいガールフレンドを作るためにお見合ビデオを作るような活動を指し、それが **'disloyal'**、つまり亡き妻を裏切っているような感じがすると言っています。'disloyal' に係る **'so'** はここではネガティヴなニュアンスで、「〜過ぎてよくない」というような心境が込められています。

それに対してホーマーは、モードだって天国でデートをしていると言います。ネッドは「モードもそうしていると思う？」と聞いていますが、ここでネッドが使っている **'would'** は、「**まさかそんなことをしているのかなあ**」というような、**少し疑いの入った仮定や推量の意味**を含んでいます。ネッドは敬虔（けいけん）なクリスチャンなので、亡き妻が天国でデートし放題などというのはちょっと想像しにくかったのかもしれません。

ホーマーの答えは、'How could she not?' です。'How could ～?' は「そんなことはできるだろうか、いやできっこないだろう」という反語で、つまり「～するのが当たり前だ」というニュアンスです。ここでは否定の 'not' が入っており、その後に 'date in Heaven' が省略されていると考えられるので、「モードが天国でデートしていないわけがない」と言っています。この反語的な表現はROUTE 1-06 でジェイソン・モモアがティモシー・シャラメに言っていた 'who doesn't?' にちょっと似ていますね。

　その後のホーマーのセリフ 'The place is full of eligible bachelors.' の主語になっている 'The place' は 'Heaven' を指します。'eligible bachelors' の **'eligible' は通常**、「**資格のある**」という意味ですが、係っている名詞が「**独身男性**」を表す 'bachelors' なので、この場合は「**結婚に最適な**」という意味になります。天国にいる結婚に最適な独身男性の例として、ホーマーは西部劇のスターであるジョン・ウェイン（1979年没）、ラッパーのトゥパック・シャクール（1996年没）、シャーロック・ホームズを挙げています。このへんが、ホーマーが想像する天国にいる色男たちだというのは面白いですね。

🏮 Characterの多義を使ったジョーク

　ジョン・ウェインやトゥパック・シャクールはともかく、**ホームズはアーサー・コナン・ドイルが小説のために作り上げた架空の人物**なので、お亡くなりになって天国にいるという設定はちょっとヘンです。そう思ったネッドは **'Sherlock Holmes is a character.'** と

指摘していますが、この'character'は「登場人物」という意味で使われています。つまり、ネッドがここで言っているのは、「シャーロック・ホームズはお話に出てくる架空の人物だよね」ということです。

これに対してホーマーは'He sure is!'と強く同意しているのですが、ここでホーマーは'character'をまったく別の意味で解釈しています。**character**には「ちょっと変わった個性的で面白い人」という意味があり、**'He is quite a character.'**などと言うと、「あの人はずいぶん面白い男性だね」という意味になります[注]。ネガティヴな意味で使われることも多いですが、あまり否定的でない文脈で使われることもあります。つまり、ホーマーはシャーロック・ホームズが実在しない人物だということをよく知らないので、ネッドが「シャーロック・ホームズって面白い人だからね」という意味で発言したと思い込んだのです。それで、ネッドがだんだんと「モードも天国でホームズみたいないい男とデートしているかもしれない」という考えに傾いてきたと思ったホーマーは、強く同意を示しています。

この'character'の2つの意味を使ったジョークは、非常に日本語に訳しにくいものです。試しに訳してみますが、日本語だとやはりちょっと分かりにくくなってしまいます。

> **ネッド**：ホーマー、考え直してるんだけど。これってモードをすごく裏切ってるみたいな感じなんだよ。
> **ホーマー**：おいおい目を覚ませよ、ネッド。モードが天国でデ

[注] 'character, n.', OED Online, Oxford University Press, https://www.oed.com/view/Entry/30639, accessed 3 May 2023.

ートしてないとでも思ってんの？

ネッド：デートしてると思う？

ホーマー：しないわけないよ。あそこは立派な独身男でいっぱいなんだから。ジョン・ウェインにトゥパック・シャクールにシャーロック・ホームズに……。

ネッド：シャーロック・ホームズって、伝説の人物だよね。

ホーマー：もちろん！

「大した人」を表す英単語

　このように「**大した人**」の意味で使われる言葉には、**character**以外に**someone**もあります。'**Everyone wants to be someone.**'はほとんど決まり文句のような言い方で、「**誰もが重要な人物になりたがる**」という意味です。「誰もが誰かになりたい」などと訳してしまうと、間違いとは言えないかもしれませんがちょっと分かりづらくなるので、気を付けましょう。

文学不要論者が知らない、
シェイクスピアが「儲かる」理由

大学の英語教育に文学は不要か？

　私は大学でシェイクスピアと英語を教えています。本務校である武蔵大学では専門教育のゼミのクラスで、非常勤先の慶應義塾大学では文学部の英語のクラスで、1学期かけてシェイクスピアを読んでいます。1年は2学期からなるので、シェイクスピアを読まない学期は、もっと時代が新しい英語の戯曲を読むことにしています。

　そんな教員なので、「文学は『不要』か？」という問いに対しては大きな声で「いいえ、まさか！」と答えるほかないのですが、このコラムでは、なぜ私が大学教育で文学が必要だと考えるかを説明していきたいと思います。まともで立派な研究者であれば、ここで、人文学の価値や、学問を役に立つ、役に立たないで分けることの問題点などを指摘するところですが、私はあまり立派なシェイクスピア研究者ではないので、そういうことはしません。正攻法で人文学の価値を論じている方々は正しいと思いますが、私はもう少しえげつない方向性で、**なぜ大学教育、特に英語教育に文学が必要なのか**を指摘したいと思います。

シェイクスピアがやり玉に挙げられる理由

　シェイクスピアは昨今、英語教育をはじめとする大学教育を語るときに一番、不要だとして攻撃されている作家です[注1]。シェイクスピアが攻撃される理由としては、まず批判者がそれ以外に大学で教えられている作家を知らないから、ということが挙げられるでしょう。シェイクスピアが大学の英文学の授業で取り上げられる機会は以前よりも減っていて、イギリスやアメリカ以外の地域で書かれたものを含む、**多様な作品が教えられる**ようになっています。

　しかし、このような議論で、ハリー・ポッター・シリーズを書いた（著名人ですが最近はたくさん批判もあり、コントロヴァーシャルな作家である）J・K・ローリングや、著作『侍女の物語』がテレビドラマ化されて大ヒットしたカナダの作家マーガレット・アトウッド、アメリカ黒人文学を代表する作家で、最近、著作『ビール・ストリートの恋人たち』が映画化されたジェイムズ・ボールドウィンなどが言及されることはまずありません。たぶん、このような作家が大学で頻繁に教えられていることを知らず、ひょっとするとそのような定番作家の名前もコンテンツ力も知らない人々が、大学教育を批判しているのかもしれません。

　もう一つの理由として、批判する人たちの頭の中では、シェイクスピアが古くさい権威の象徴、名前はよく知られているが面白くないものの代表になっているということがあります。シェイクスピアの名前を出せば、人々が「そうだそうだ、そんなつまらない遺物を大学で教えるな」と思ってくれるだろう、と予想しているのでしょう。しかし、これは大きな間違いです。

[注1]「なぜ経団連会長は「大学は、理系と文系の区別をやめてほしい」と大胆提言するのか」文春オンライン、2019年5月29日、
https://bunshun.jp/articles/-/12038、2023年4月16日閲覧。

売り切れ続出のシェイクスピア劇の公演

　すでに一度、ウェブ記事[注2]で書いたことがあるのですが、**シェイクスピアは今なおコンテンツとして極めて大きなビジネス上のポテンシャル**を持っている作家です。シェイクスピアを無用の長物として攻撃している方々はご存じないでしょうが、人気俳優がシェイクスピア劇の舞台に出演すると、イギリスでも日本でもチケットがすぐ売り切れます。

　2019年5月に渋谷のシアターコクーンで岡田将生と黒木華が『ハムレット』に出演したときは、チケットの入手が困難でした。2018年の夏に堂本光一と井上芳雄のダブル主演でシェイクスピアの『二人の貴公子』翻案ミュージカルである『ナイツ・テイル−騎士物語−』が上演されたときは、すごい速さで席が売れました。女性アイドルもシェイクスピア作品に進出しており、SKE48が2019年4月に『ハムレット』を上演しています。

古典が俳優やクリエイターを引き付ける理由

　このようにチケットがすぐ売れてしまうのは俳優がスターだからですが、スターはシェイクスピアを演じることにいつも興味があります。というのも、**シェイクスピア劇は役者の魅力を最大限に引き出してくれる**よくできた台本だからです。しかも**著作権が切れている**ので、使用料や遺族の意向を気にする必要がありません。クリエイターの采配で**翻案し放題、あらすじも設定も変更し放題**です。いくら台本を変えても、シェイクスピアに怒られることはありません。

　このように高いコンテンツ力を持っているのは、もちろんシェイクスピアだけではありません。英文学に限らず、現在の大学の外国語文学の授業

[注2] 北村紗衣「「クイーン」と「シェイクスピア」の共通点から考える、何が金や人気を生むのか──映画『ボヘミアン・ラプソディ』の意義」文春オンライン、2019年2月10日、https://bunshun.jp/articles/-/10645、2023年4月16日閲覧。

で教えられている作家の作品には、世界中で読まれ、舞台化、映像化されているものが多数あります。特に古典については、今読んでも面白くて、現代のクリエイターを触発し続けている作品が取り上げられています。

文学は実は「儲かる」

　私が学生にシェイクスピアなどの文学を教えるのは、**コンテンツとして潜在力のあるものに触れることが、良いクリエイターと良い観客を育て、文化産業の経済的な隆盛につながる**と考えているからです。身も蓋もないことを言うと、私は、シェイクスピアは使い方さえ工夫すればかなり儲かると思っています。私自身がシェイクスピアで稼いでいるので、これは比較的、自信を持って言えます。

　シェイクスピアを大学で教えることを批判する人たちは、シェイクスピアを使ってどうやってお金を儲けられるか知りません。経営ではニッチな市場の開拓が重視されることがあるようですが、私は、**文学を学んだ人たちが儲ける市場**を作るつもりで学生を教育しています。

　さて、そこで出てくるのが、だからといって、「それ（文学）を英語教育の分野で教える必要があるのか？」という問いだと思います。これについては、「寄り道コラム2」(p.168) でお話しします。

英文法の筋道を通る

『そして誰もいなくなった』から
ネイティヴスピーカーもお手上げの単数形・複数形まで

散策ルート **3**

「彼」でも「彼女」でもない 「ノンバイナリの人」を指す 単数のtheyはどう訳す?

代名詞theyとweの単数としての用法

本項では、見慣れないかもしれませんが、知らないと誤読してしまう可能性が高い代名詞の用法の話をしたいと思います。扱う代名詞は、theyとweです。2つとも複数形としてしか使えないと思っていませんか?　実は、そういうわけではないのです。

歌手サム・スミスのカミングアウト

歌手のサム・スミス（Sam Smith）をご存じでしょうか?　感情表現が豊かな美声で有名な、イギリスのシンガーソングライターです。失恋などを扱ったちょっと憂鬱な曲が得意で、'I'm Not the Only One' や 'How Do You Sleep?' などのヒット曲があります（聞き取りやすい英語で歌うので、聞いたことがない方にはおすすめします）。

スミスは2014年にゲイだとカムアウトしています。その後はインタビュー[注1] などで、自分のジェンダーアイデンティティが完全に

[注1] Louis Wise, 'Interview: Sam Smith on Coming Out, and *The Thrill of It All*', *The Times*, 22 October 2017, https://www.thetimes.co.uk/article/interview-sam-smith-on-coming-out-and-the-thrill-of-it-all-3235l3n78, accessed 27 August 2020.

男とは言い切れないことも公言しました。2019年9月13日に、スミスは自身のインスタグラム[注2]で自分が「ノンバイナリ」であることを公表し、自分のことを指すときの代名詞には'they/them'を使ってほしいと宣言しました。

「ノンバイナリ」は「二元論でない」捉え方

そもそもノンバイナリ（nonbinary）という言葉が分からない方も多いと思います。'binary'は「2つの項目から成っている」などという意味です。ここでは、ジェンダーが男か女かという二元的な考えで判断されることを指します。それに否定語のnonが付いているので、人についてnonbinaryという言葉を使う場合、ジェンダーを**男女という二元で考える規則には当てはまらない**ことを指します。完全に男だと言えるわけでもないし、完全に女だと言えるわけでもないということです。

ノンバイナリの人にもいろいろいます。男女どちらか片方には自分を当てはめられないとか、そもそもジェンダーがないと自認しているとか、性別二元論を採用していない文化圏の出身で、男でも女でもないジェンダーを有しているとか（アメリカの先住民や南太平洋地域などには、ジェンダーが2つに限られない文化もあります）、さまざまです。文化的背景などによってひとりひとりの事情は違います。

ノンバイナリは**トランスジェンダー**と混同されやすいのですが、この2つは厳密に言うと違う意味を持つ言葉です。狭義のトランス

[注2] Sam Smith, Instagram post, 13 September 2013, https://www.instagram.com/p/B2WpiusAc6h/, accessed 16 April 2023.

ジェンダーの人には男女どちらか片方のジェンダーの自認があることが多いのですが、ノンバイナリの人はそういうわけではありません。トランスジェンダーという言葉はノンバイナリを含んで広い意味で使われることもありますが、ノンバイナリではないトランスジェンダーの人もたくさんいます。

ノンバイナリの人に単数のtheyを使うことがある

前述のように、スミスはインスタグラムで、ノンバイナリとしての自分を指す英語の代名詞を示しました。英語の困ったところは、人を指す場合の三人称単数の代名詞が完全に男女二元論であることです。主格の場合、男を指すheと女を指すsheしか存在しません。

このため、英語圏のノンバイナリの人の間では、自分**一人のことを指すときでも三人称としては**they、them、their**を使ってもらう**文化があります。スミスが自分についてtheyやthemを使ってほしいと発言したのは、こうした習慣に沿ったものです。この場合も通常、**動詞の活用は三人称複数のtheyに合わせる**ので、be動詞を続ける際は、they are ... や they were ... となります。

さて、では正しくtheyを使ってスミスのキャリアを書き表すと、どうなるでしょうか？　誰でも編集できる百科事典である英語版ウィキペディアの2019年12月21日時点の記述[注3]を見てみましょう（太字は筆者による）。

[注3] 'Sam Smith', Wikipedia, https://en.wikipedia.org/w/index.php?title=Sam_Smith&oldid=931440909, accessed 16 April 2023.

> At the 2015 *Billboard* Music Awards, Smith received three Billboard Awards: Top Male Artist, Top New Artist, and Top Radio Songs Artist. **Their** musical achievements have also led **them** to be mentioned twice in the *Guinness World Records*.

　太字部分がtheyを活用した代名詞が使われているところです。この時点のウィキペディアの記事では、記事冒頭の文章の最初に'Their'が出てくるところに解説の注があり、スミスがノンバイナリで代名詞はtheyを使用していると書かれています。ウィキペディアのような一般向けの文章でも、すでにノンバイナリの人にtheyを使うというのは当たり前になってきています。しかし、theyは複数形だと頭にたたき込まれている学習者は、theyが指すのがこの場合は単数の人であることを読み進めるうちにうっかり忘れてしまうかもしれないので、注意が必要です。

単数のtheyは日本語にどう訳す?

　前述の英文のTheirやthemはスミスを指していることが分かりましたね。では、どうやって訳せばいいのでしょうか?　私が作った以下の訳例を見てください。

> 　2015年のビルボード・ミュージック・アワードでは、スミスはトップ男性アーティスト賞、トップ新人アーティスト賞、トップ・ラジオソング・アーティスト賞の3部門で受賞を果たした。音楽分野における業績が評価され、二度にわたりギネス世

　あれっと思った方もいるかもしれませんが、代名詞に当たるものが日本語の訳例には一切ありません。これは単数の they、their、them に限らず、he だろうが she だろうが it だろうが、英語のすべての代名詞に言えることですが、**文脈で誰（何）なのか分かる場合、その代名詞は日本語に訳出しない**で構わない、ということです。

　日本語は通常、「彼は」とか「彼女の」とか「彼らを」などの言葉で、ある行動をした人や何かを持っている人などを指すことはしません。このため、むしろこういう言葉を使って訳すと、訳文が不自然な感じになりがちです。「彼」や「彼女」がたくさん出てくる文章は翻訳であることも多いでしょう。日本語の日常会話では、そもそも恋人以外の人を「彼」「彼女」と呼ぶことは少ないと思います。ほとんどの場合は、文脈で分かるようにするか、混同しそうな場合は「スミスは」などのように**名前を使う**のが分かりやすいでしょう。

　日本語にはノンバイナリの人が使う代名詞はありませんが、日本語の文法がそうした言葉を必要とすることはほぼないと思われます。日本語でもそうしたノンバイナリの人のための代名詞を作るべきだと考える人もいますが、私はそう考えていません。むしろ日本語の特徴を生かし、わざわざいちいち代名詞と性別を結びつけなくてすむ言い方をどんな性別の人にも使うようにしたほうがいいのではないかと思っています。何でも英語に合わせる必要はありません。英語を日本語に訳すときに重要なのは、代名詞が誰を指しているかを

理解し、**わざわざ代名詞っぽい言葉を使わなくても文脈で分かるようにする**ことです。

昔からある、単数のtheyの用法とは？

　実は、文脈は違いますが、単数のtheyというのは昔から英語に存在しています。「everyoneなどは単数なので、heで受けるのが普通であり、ジェンダーニュートラルな言い方ではhe or sheを使う」と学校で習った人は多いと思います。しかし、実はこのときtheyも使われます。このように、everyoneなど文法的には単数形の人やものを、本来複数形であるはずのtheyで受けてしまう、というのは、中世から存在する用法です。

　すでに何度か本書に登場している『オクスフォード英語辞典』では、ある言葉がいつ頃から使われているのかを調べることができます。この辞典[注4]によると、単数形のものを表すtheyの用法は14世紀頃からあるそうです。18世紀の偉大な小説家ヘンリー・フィールディング（Henry Fielding）も使っています。ノンバイナリの人を指すtheyは、こうした用例の拡張と言えます。ノンバイナリの人を表すtheyの用法はすでに『オクスフォード英語辞典』に載っていて、初出用例は2009年です。

王や女王の一人称代名詞である単数のwe

　もう一つ、歴史的に重要で、知らないと混乱してしまいそうなの

［注4］ 'they, pron., adj., adv., and n.' OED Online, Oxford University Press, https://www.oed.com/view/Entry/200700,　accessed 16 April 2023.

が、いわゆる 'royal we'、日本語では「尊厳の複数」などと呼ばれているものです。一人称代名詞の複数形である we [注5] は「私たち」「われわれ」という意味ですが、これも場合によっては単数で使われます。王や女王などの君主は国家という集合体の代表として発言する際、自分のことを（一人だけなのに）we と呼ぶことがあるのです。

これは特殊な話し方なので、例外的に訳出した方がいいこともある代名詞です。日本語であれば、おそらく「朕」とか「余」のような訳語を当てるといいでしょう。ヴィクトリア女王の陰気で厳しい性格を象徴する発言としてよく引用される 'We are not amused.'（朕は面白いと思わぬ）の We は 'royal we' です。ただし、この発言が本当にヴィクトリア女王の言葉かどうかは疑わしい [注6] そうですが……。

このように、通常は複数で使う代名詞が単数で使われる場合というのは、意外とあります。どのような状況で使われるのかを把握し、注意して英語を理解するようにしてください。知識としては分かっていても、実際に読んだり聞いたりする時には気付きにくいこともあるので、注意しましょう。

[注5] 'we, pron., n., and adj.' OED Online, Oxford University Press, https://www.oed.com/view/Entry/226539, accessed 16 April 2023.（アクセス制限あり）

[注6] Huw Fullerton, 'Did Queen Victoria Really Say 'We are not Amused?', *Radio Times*, 4 July 2018, https://www.radiotimes.com/news/2018-07-04/did-queen-victoria-really-say-we-are-not-amused/, accessed 16 April 2023.

ドラマ『シャーロック』のセリフ 'marriage' はどんな結婚？ 思い込みによる翻訳の落とし穴

性別や性的指向に関わる英語の単語

　この項では、ROUTE 3-01で扱った「単数のthey」などに少し関係がある話題を取り上げたいと思います。性別や性的指向に関わることでは、**自分でも気付かない思い込み**をしていることがあります。よく見掛ける単語や文法的に簡単そうな構文でも、訳すときにそうした思い込みが出てしまうとあまりよくない場合がある、という例を2つ紹介します。

『シャーロック』で人気のアイリーン・アドラー

　BBCで放送された現代版シャーロック・ホームズ、『SHERLOCK／シャーロック』（*Sherlock*, 2010-2017年）には、**2010年代のロンドンらしい生き生きした英語**がたくさん出てきます。シャーロック（ベネディクト・カンバーバッチ）が早口であまり聞き取りやすくないのが玉にきずですが、英語の勉強になるところもたくさんある作品です。第2シーズン第1話の「ベルグレービアの醜聞」（'A Scandal in Belgravia'）

は、アーサー・コナン・ドイルの短編「ボヘミアの醜聞」（'A Scandal in Bohemia'）を下敷きにした作品です。このエピソードには、人気キャラクターであるアイリーン・アドラー（ララ・パルヴァー）がヒロインとして出てきます。**原作ではオペラ歌手だったアイリーン**は、翻案ではお金持ちの顧客向けにサービスを提供するドミナトリックス（dominatrix）、つまり**SMの女王様**になっています。

アイリーンによって破綻した「結婚」とは?

エピソード序盤で、シャーロックとジョン（マーティン・フリーマン、原作では主に姓のワトソンで呼ばれる）はバッキンガム宮殿に呼び出され、イギリス王室からアイリーン・アドラーに関する捜査を依頼されます。ここで、イギリス政府内の地位にいるという、シャーロックの兄マイクロフト（マーク・ゲイティス）が、アイリーンがこれまでに起こしてきた華麗なスキャンダルを、次のように説明します。

> She's been at the centre of two political scandals in the last year and recently ended the marriage of a prominent novelist, by having an affair with both participants separately.

マイクロフトは**お役人らしい持って回った言い方**をしていますが、英文法としてはそんなに難しいところはありません。最初の 'She's' は 'She has' の省略で、She はアイリーンを指します。ここの省略は聞き落としやすいかもしれませんが、それ以外はわりと**ゆっくり話している**ので、特に聞き取りづらくはないでしょう。'by having 〜'

以下の主語は She、つまりアイリーンです。**重要な情報を先に出して、それに説明を付け加えていく**話し方なので、訳すときは小さいまとまりに分けて、前から順番に訳していくのがいいかもしれません。

私が作った訳例は次のとおりです。

> この女性はこれまでの1年間で、2つの政治スキャンダルの中心になったんだよ。最近、ある有名な小説家の結婚を終わらせたんだが、結婚当事者の双方と別個に関係を持ったのが原因だった。

ここは、2023年5月3日時点のAmazonプライムビデオの字幕では次のようになっています。

> 2件の政治スキャンダルの中心人物だ。最近は有名作家の離婚の原因に。彼女が夫と妻両方と関係を持ったせいだ。

この字幕は、意味を取るという点ではまったくおかしいところはありません。しかし、ここで考えないといけないのは、**アイリーン自身はレズビアンで**、王室からの依頼内容を見ても**顧客は女性が多い**らしいこと、またマイクロフトが慎重に言葉を選んでいて、日本語字幕に登場する「夫」と「妻」に相当する**husband と wife** という言葉を用いておらず、**'both participants'**（結婚当事者双方）という言葉を使っていることです。つまり、マイクロフトは結婚当事者

の性別を明確にしていません。このセリフを見る限りでは、アイリーンが破局させたカップルが**男女の夫婦かどうかは、実は分からないのです。**

‘marriage’は「合法的な結婚」のみを指すとは限らない

イングランドとウェールズ、およびスコットランドで**同性婚が合法化**されたのは2014年なので（北アイルランドでは2019年に合法化）、このドラマが放送された**2012年にはまだ正式な同性婚は認められていません**でした。しかし、**シビルパートナーシップ**（civil partnership）、つまり同性カップルに一定の保障を与えるシステムはかなり普及していました。**日常語では、こうした同性カップルや、法的に結婚していないものの事実婚状態にある異性のカップルも、marriage**（結婚）**の状態にあると説明するのは、ロンドンではわりと普通でした。**

『シャーロック』の第1シーズン第1話では、ハドソン夫人が、近所に**同性の‘married ones’**（結婚している人たち）が住んでいると説明しています。また、同じエピソードに出てくるジョンの話によると、**ジョンの姉妹であるハリーは長いことクララという女性と暮らしていた**のですが、最近**‘divorce’**（離婚）**をした**ということです（シャーロックは最初、名前からしてハリーを男性の兄弟と勘違いしていました）。このドラマは放送当時のロンドンで使われていた英語をそのまま反映しているので、**marriage は、必ずしも男女の法的結婚だけを意味するのではなく、同性同士の事実婚も表せる単語として使われています。**

こうした単語の使い方とアイリーンの顧客層を考えると、マイクロフトのセリフに対する日本語字幕は「**訳し過ぎ**」の**恐れ**があります。もちろん、設定ではアイリーンが破局させたのは男女なのかもしれませんし、この訳で完全に正しいのかもしれません。しかし、マイクロフトが性別を特定しない言葉を選んでいる以上、**視聴者の解釈を狭めないような字幕**を作った方がよいとは言えると思います。

アイリーンの性的指向と顧客層からして、結婚をめちゃくちゃにされたのは**女性同士のカップル**である可能性もあります。アイリーンの顧客層からすると可能性は低いですが、**男性同士**もあり得るでしょう。ROUTE 3-01で詳しく解説したノンバイナリの人を含むカップルでもおかしくはありません。こうした点において、**翻訳をする時には日本語の思い込みを捨てた方がよい**場合があります。

『オーシャンズ8』のデビーが好きになった'person'とは?

『シャーロック』に比べるとそこまで「解釈を狭める」とは言えないかもしれませんが、私がそんなに詳しく訳さなくていいのでは？と思ったシーンが、映画『オーシャンズ8』（*Ocean's Eight*, 2018年）の冒頭にもあります。それは、ヒロインのひとりであるデビー（サンドラ・ブロック）の仮釈放面談の場面です。犯罪一家オーシャン一族の一員であるデビーが、自分が犯罪に手を染めた理由について、次のように述べています。

> I fell for the wrong person. It was a mistake.

これも文法的な観点からすると、とても簡単な文章です。'fell' は fall の過去形で、**'fall for ~ '** は「～を好きになる」という意味です。'wrong' は「悪い」「間違った」という形容詞です。このセリフの Netflix の日本語字幕は、次のようになっていました。

悪い男を選んだだけ。失敗でした。

　ここでポイントなのは、**英語では 'person'（人）という性別を明示しない単語になっている**ところを、**日本語字幕は「男」と訳している**ところです。映画を見ていると、おそらくこの 'the wrong person' というのは、表面的には、デビーが刑務所に入るきっかけになったかつての恋人クロード（リチャード・アーミティッジ）を指していて、昔ひどい男に引っ掛かった話をして悔やんでいる、ように思えます。しかし実は、デビーにはクロードよりはるかに**大切な存在である女性**がいます。それは親友で犯罪のパートナーでもあるルー（ケイト・ブランシェット）です。

ジェンダーニュートラルに訳して含みを持たせる

　ここから先は何が正しいとかいう話ではなく、解釈の問題になります。デビーはこのセリフを言った後に、面接官を感動させるため、うそ泣きをします。私は、ここでデビーが 'person' という性別が特定できない言葉を選んで話しているのは、ひょっとしたら**表面的にはクロードの話をしていると思わせておいて、頭の中で無意識にルーのことを考えている**からなのでは？　と思っています。デビーにとっ

て、クロードは大した男ではないので、思い出して泣けるような存在ではありませんが、ルーは泣けてくるくらい苦楽を共にした友人です。私なら、このセリフは次のようにジェンダーニュートラルに**訳して、デビーが何を考えているのかに含みを持たせられる**ようにします。

> まずい相手にほれ込んで……。間違いでした。

　この項で取り上げたように、映画やドラマを見るときなどには、視聴者は無意識に**自分の思い込みや解釈を反映して外国語を解釈**してしまうことがあります。ここで紹介した字幕は間違いとは言い切れませんし、英文解釈についておかしいと言えるところなどはまったくありません。しかし、**原語とその背景が分かると、もう少し解釈が広がる**ことがあるのです。

アガサ・クリスティーの戯曲
『そして誰もいなくなった』で
読み解く仮定法

世界の英語学習者に人気のアガサ・クリスティ

　大学ではミステリを教えないと一部で思われているようですが、アーサー・コナン・ドイルやアガサ・クリスティはわりとよく大学の授業で扱われます。私は学部生のときにヴィクトリア朝文学の演習で、シャーロック・ホームズの短編を英語で読んだし、今もたまにクリスティの戯曲を大学で教えています。クリスティは人気作家の代表格で、その作品は世界中の英語学習者がまず手に取る本として知られています。

　本項では、クリスティーの戯曲版『そして誰もいなくなった』（*And Then There Were None*）を取り上げて、注意が必要な表現や使えそうな表現を見ていこうと思います。なお、この戯曲も、ROUTE 1-01で取り上げた『パディントン』同様、注釈付きの英語の教科書が出版されています。参考文献として挙げていますので、興味がある方はお読みください。

社交の会話から仮定法を読み解く

『そして誰もいなくなった』は1939年に小説として刊行され、1943年に戯曲化されました。ネタバレを避けるため結末は言いませんが、外界から隔絶された無人島にある屋敷に、互いを知らない10人の人々が集められ、次々に殺されていくという内容です。そんな状況で日常的に使える表現なんか学べるのか？　と思うかもしれませんが、劇の最初には、ROUTE 1-02で扱った映画『クレイジー・リッチ！』と同様に、初対面の人々が会う社交の場面があります。

　第1幕で、会ったばかりのヴェラ・エリザベス・クレイソーン（女性）とアンソニー・ジェイムズ・マーストン（男性）が話すところを見てみましょう。

MARSTON: Damn shame we didn't know each other. I could have given you a lift down.
VERA: Yes, that would have been grand.
MARSTON: Like to show you what I can do across Salisbury Plain. Tell you what ... maybe we can drive back together?

マーストン：僕ら、お互いのことを知らなかったなんてマジ残念だよ。車に乗せてあげられたのにさ。
ヴェラ：そうですねえ、そうだったら良かったんですけどね。
マーストン：ソールズベリー平野をどんだけ突っ走れるか見せてあげたいよ。そうだ……ことによると、一緒に車で帰れるか

な？

※『そして誰もいなくなった』／ *And Then There Were None* p. 22、日本語は拙訳

マーストンはわりとくだけた**話し方**をしていて、**主語などを省略**しています。最初の'Damn shame'は本来、'It's a damn shame'です。2つ目のセリフの'Like to show you'は'I'd like to show you'に、'Tell you what'は'I'll tell you what'になるはずですが、全て文脈で分かるので省略されています。現代英語の会話でも、こういう省略はありがちです。

マーストンの1つ目のセリフにある**'I could have given you a lift down.'** は、仮定法過去完了の条件節がない形だと思ってください。ROUTE 1-04ではすでに仮定法過去について説明し、ROUTE 1-06でも条件節のない仮定に触れていますが、もう少し仮定法について深めていきましょう。**仮定法過去完了**は、**if を使った条件節が過去完了**（had＋**過去分詞**）、**帰結節が助動詞の過去形＋ have＋過去分詞で**、**過去の事実に反する**ことを仮定する、というのは、高校などの英文法で習った人が多いかと思います。そんな文法事項、いつ使うんだ？と思う人もいるかもしれませんが、実は**仮定法は日常英語に頻出**します。条件節がなく、帰結部分だけがポンと出てくることも多くあります。

ここでマーストンが考えているのは、If we had known each other

（もし僕らが互いのことを知っていたら）、車に乗せてあげたのに、というようなことです。話の流れから、この「〜だったら」という条件はヴェラもマーストンも分かっているので、言う必要がありません。

　ポイントは、ここでの帰結節のような**助動詞の過去形＋have＋過去分詞**を使った表現の場合、条件節があろうとなかろうと、過去分詞の動詞が示している行動は**実際には起こらなかった**、ということです。'I could have given you a lift down.' を「君を車に乗せてあげることができました」のように訳すと、実際にマーストンがヴェラを乗せてあげたように聞こえてしまいます。しかし、仮定法過去完了は過去の事実に反することを仮定しているわけですから、「乗せてあげられたのにぃ」みたいな意味であって、実際には乗せてあげられなかったのです。条件節があれば、学習者も「過去の事実に反した仮定だ」と気付くのですが、ifが出てこないと、たちまち「乗せてあげることができました」みたいな意味に受け取ってしまう学習者が多くなるので、要注意です。ヴェラの答えの 'that would have been grand' も、実際にはそうではなかったけど、乗せてもらえたら良かった、という意味です。

車で送ろうと言うセリフの真意は?

　マーストンのセリフ、'I could have given you a lift down.' に出てくる 'a lift down' もくせものです。**'lift'** は名詞で 'ride' と大体同じ意味であり、「車に乗せてもらう・乗せてあげること」です。Uber（ウーバー）と似たような配車アプリでLyft（リフト）というのがあり、こ

れはliftのこの意味に引っ掛けた名称です。

'down'は難しい副詞です。空間的な上から下への移動を指すだけではなく、北から南へとか、都会から地方へとか、比喩的な「上」から「下」へ動く場合に広く使えます。ここでは、無人島が辺鄙_{へんぴ}な所にあり、ロンドンから鉄道と船で来る必要があるという設定なので、このdownはロンドン方面から地方に行くことを指していると思われます。

ここで分かるのは、**マーストンはおそらくヴェラを口説こうとしている**ということです。マーストンはヴェラを車に乗せてあげたいと言っている上、自分の車が速いことを自慢しています。これは、ヴェラの前でいい格好をしたい、お近づきになりたいと思っているからだと考えられます。

この戯曲にはもう1人、ロンバードという男性キャラクターがいます。ここで紹介した場面にも登場し、おそらく2人ともヴェラに好意を抱いています。この辺りの会話では、男同士、魅力的な女性の前で張り合っているようなところが見受けられます。

授業でこの箇所についてマーストンとロンバードの意図を聞いたところ、あまり読み取れなかった学生も結構いました。こういう読解の技術は文学作品を読むときに重要であるばかりではなく、現実社会でパーティーなどの社交の場に出たときにも必要になることがあります。誰かがあなたにliftを申し出てきた場合、その人はあなた

を口説こうとしている可能性がないわけではありません。少しでもウザいなと思ったら、きっぱり断りましょう。

〈参考文献〉

■Agatha Christie『そして誰もいなくなった／*And Then There Were None*』五島正一郎／渡辺幸俊／G.R. Farrier 編注、開文社出版、2015（初版1981、再版2022あり、『そして誰もいなくなった』からの引用はすべてこれによる）。

モダニズム文学の作家
キャサリン・マンスフィールドが
「意識の流れ」を表すのに駆使した
「自由間接話法」

モダニズム文学の「意識の流れ」

　キャサリン・マンスフィールド（Katherine Mansfield）という作家がいます。20世紀の初めに活躍したニュージーランドの女性作家で、イングランドに移住して、ヴァージニア・ウルフ（Virginia Woolf）などの文芸仲間として活動していた人物です。いわゆる「意識の流れ」の手法を発達させた作家の一人です。短編が得意なので、大学の英文学科などでは比較的よく授業で取り上げられます。

　「意識の流れ」というのは、人間の思いや考えを、論理的・直線的にめりはりをつけて表現するのではなく、移り変わりをそのまま表現する技法です。第一次世界大戦後のモダニズム文学では、秩序だった形で話を進めるそれまでの小説に対するカウンターのような形でこの技法が流行しました。実はこれは大変難しく、読みづらい技法です。

　18世紀や19世紀の小説の方が20世紀の小説よりも難しいと思うか

もしれませんが、正直なところ、モダニズムの文学よりもヴィクトリア朝のチャールズ・ディケンズ（Charles Dickens）とかジョージ・エリオット（George Eliot）の方が断然、読みやすいと私は思います。ディケンズとかエリオットなら、とりあえずわくわくするような展開（大恋愛とか、お金絡みのスキャンダルとか、劇的な死とか）があるので、それだけ追っていればなんとか読み終えられます。しかし、モダニズム文学は明確な展開がなかったりするので、話をつかむだけで一苦労です。

自由間接話法とは？

　一般に小説の英語は、それまでになかった技法がたくさん使われているところが一つのポイントです。**近代小説というのは、英語圏では18世紀に発達**しました。それ以前から、ロマンスや小話のようなものはあったのですが、いわゆる私たちが今考える「小説」らしい複雑な物語というものはほとんどありませんでした。私は17世紀演劇の研究者ですが、この時代には小説はほとんど発達していなかったため、実を言うと、小説の読み方をちゃんと大学で学んだ覚えはあまりありません（！）。

　演劇や詩の研究者がめったに見掛けない**小説独特の英語の技法が、いわゆる「自由間接話法」**です。自由間接話法（free indirect speech、別名「描出話法」）は、「○○さんは××と言いました」とか、「△△さんは□□と思いました」というような文の「**○○さんは言いました**」や「**△△さんは思いました**」**がなくなってしまう話法**のことです。

学校で一般的に習う「直接話法」は、人が言ったことや考えた内容を**引用符に入れて**そのまま伝えるやり方です。一方、「間接話法」は、「言う」（say）や「思う」（think）というような**伝達の動詞＋that節や疑問詞節**を使って、人の発言や考えを伝える話法です。それに対して、**自由間接話法は、伝達の動詞がない状態で間接話法を使います。**

　各話法の特徴は大体このようになります。

直接話法
・人が発言したことや考えたことを、書き換えずにそのまま引用符に入れて示す。
・発言中の時制は、その言葉を発した時点での現在を基準にする。
・引用された言葉で使う代名詞などは、発言者の視点が基準になる。

間接話法
・人が発言したことや考えたことを引用符に入れず、「伝達の動詞（say、thinkなど）＋that節や疑問詞節（〜が……と言った／思った）」などで示す。
・発言などの内容の時制は、主節（that節や疑問詞節の前に出てくる主動詞がある部分）の時点に合わせる。
・発言中の代名詞などは、主節の視点が基準になる。

自由間接話法
・人が発言したことや考えたことを引用符に入れず、また「伝達の

動詞＋that節や疑問詞節」も使わずに書く。

・時制は前後にある地の文と一致することが多い。

・代名詞なども、前後にある地の文と一致させることが多い。

これだけだとあまりよく分からないかもしれませんが、とりあえず例を見てみましょう。

 ## 短編の一節を3つの話法で比べてみると？

　下に引用するのは、キャサリン・マンスフィールドの短編で、バーネル家が海の避暑地で過ごす様子を描いた「入り海」（"At the Bay"）の一節、ジョナサンとスタンリーという2人の男性が海に入っている場面です。スタンリーはやたら話好きなジョナサンにいらいらしていて、スタンリーが返事をし終わらないうちにジョナサンは泳いでいってしまう、というところです。

> Jonathan was gone before Stanley had finished. 'Pass, friend!' said the bass voice gently, and he slid away through the water with scarcely a ripple... **But curse the fellow! He'd ruined Stanley's bathe. What an unpractical idiot the man was!** Stanley struck out to sea again, and then as quickly swam in again, and away he rushed up the beach.

スタンリーの言葉がおわらぬうちにジョナサンは行ってしまった。「失礼するよ、きみ！」と低い声でおとなしくいい、水にも

ぐってすうすう泳いで行ってしまった、さざなみ一つたてずに
……ちくしょうめ！　水浴を台なしにしてしまった。なんとい
う現実ばなれした阿呆だろう、あの男は！　スタンリーは再び
沖の方へ泳いでいき、それから同じくらい早く泳ぎ返して、渚
へかけ上った。

※原文は *The Garden Party and Other Stories*, p. 215（太字は著者）、
訳文は『マンスフィールド短篇集』pp. 200–201

　この部分は自由間接話法の例としてよく引かれる文章ですが、大
変複雑です。まず、小説では、会話や引用、歌など以外の叙述を「地
の文」と呼びます。**地の文での基準の時制は過去**になることが多く、
この文章でも過去形です。太字にしたところが、自由間接話法の箇
所です。スタンリーが考えている内容なのに、「スタンリーは○○と
思った」というような表現がありません。'He'd ruined Stanley's
bathe.' の He や、'What an unpractical idiot the man was!' の the man
はジョナサンのことです。また、'He'd' は 'He had' の略です。

　ここで、自由間接話法の部分を直接話法と間接話法に書き換えて、
比べてみましょう。

自由間接話法（小説より）

But curse the fellow! He'd ruined Stanley's bathe. What an unpractical
idiot the man was!

直接話法

Stanley thought, 'But curse the fellow! He ruined my bathe. What an unpractical idiot the man is!'

間接話法

Stanley cursed the fellow, thinking that Jonathan had ruined his bathe and that the man was a very unpractical idiot.

　この文章は、物語が起こっている過去の時点でスタンリーがリアルタイムで思ったことを表しています。直接話法であれば、スタンリーの考えはそのまま（スタンリーの視点における）現在を基準にした時制で、引用符に入れて書くことになります。間接話法だと、考えた内容も、過去を基準とする語り（地の文）の時点に全て時制を合わせます。

　ところが、自由間接話法では、（命令形の定型句 'But curse the fellow!' 以外は）**時制が地の文に一致して過去が基準の時制**になっています。さらに、スタンリーが直接言った形にするのであれば **'my bathe' にすべきところが 'Stanley's bathe'** になっています。

　'He'd ruined Stanley's bathe.' は、had ＋ 過去分詞なので、いわゆる「大過去」（過去のある時点を基準にそれよりも前を示す）の過去完了形です。スタンリーの考えを直接話法で書くのなら、'He ruined my bathe.' です。しかし、自由間接話法では、この小説の語りの時点である過去を基準にするので、それより前に起こったことは、大過去

の扱いで'He had ruined Stanley's bathe.' とします。

地の文の時制も検証！

　時制を見ていくと、この文章の冒頭の文、'Jonathan was gone before Stanley had finished.' についてもちょっと考えねばなりません。通常、be動詞＋goneは「行ってしまった」という意味で、それだけで完了の意味になります。'He is gone.' で「彼は行ってしまった（今はもういない）」となり、was goneなどとする必要はありません。では、ここで'Jonathan was gone'というふうにbe動詞も過去形になっているのはなぜでしょうか？　それは、この小説の**語りの基準時点が過去で、全てをこの基準点に合わせて語らなければならないから**です。

　その後にある時間を示す表現、'before Stanley had finished.' の 'had finished' は、一見、大過去のように見えます。しかし、これは、ただの過去形をより前の大過去にしたものではありません。なぜなら、スタンリーが何かを言い終わった時点よりも前にジョナサンが行ってしまったという描写の方が、この文脈では自然だからです。そのため、この 'had finished' は、「し終える前に」ということを表す現在完了の 'has finished' が、過去を基準とする**語りの時制に一致して過去、つまり過去完了**のような形になったものと考えられます。つまり、この文を現在の時点で書くと、'Jonathan is gone before Stanley has finished.' になり、それが過去の時点を基準にして書かれているので、引用箇所のように 'Jonathan was gone before Stanley had finished.' となっているわけです。

　キャサリン・マンスフィールドの作品にはこんな文が頻出するので、結構読みづらいかもしれません。自由間接話法や時制の一致については、頭の片隅に置いておくといいと思います。モダニズムの小説にチャレンジする時には、こういう点に注意しましょう！

〈参考文献〉
■キャサリン・マンスフィールド『マンスフィールド短篇集—幸福・園遊会』崎山正毅、伊沢龍雄 訳、岩波文庫、1969。
■ Katherine Mansfield, *The Garden Party and Other Stories*, Everyman's Library, 1991（「入り海」の引用はすべてこれによる）.
■ Regine Eckardt, *The Semantics of Free Indirect Discourse: How Texts Allow Us to Mind-read and Eavesdrop*, Brill, 2014.

クイーンの歌詞'many a lonely day'は文法的に正しいの? ネイティヴスピーカーも間違える単数形と複数形

ネイティヴスピーカーでも混乱する、単数形と複数形

単数形と複数形の区別はややこしく、英語学習者にとっては頭が痛い問題です。しかし、実はネイティヴスピーカーでも、この区別には混乱することがあります。普段からウィキペディアを編集している私[注1]は、英語版ウィキペディアで、おそらくは英語話者が書いたと思われる、**名詞の単複や句読点が変な文**によく出合います。この項では、ネイティヴスピーカーによる文を題材に、単数形と複数形について、間違い探しを通して学んでみることにしましょう。

ザ・キラーズのヒット曲"Human"の歌詞に登場する名詞

まずは、アメリカのロックバンドであるザ・キラーズ（The Killers）の2008年のヒット曲'Human'を取り上げます。この歌には文法的におかしいと言われている有名な歌詞があります。できればYouTube[注2]でこの歌を聞いて、どこがおかしいか考えてみてください。

[注1] 斉藤幸奈「『ウィキペディア』にも男女格差　ネット事典、男性記事が8割占める」、『西日本新聞』、2019年12月22日、
https://www.nishinippon.co.jp/item/n/570293/、2022年4月16日閲覧。

聞き取りだけだとちょっと難しいと思いますが、YouTubeで字幕をオンにすると分かるかもしれません。おかしいところは、43秒くらいで初めに出てきて、その後何度も繰り返されるサビの部分です。

> Are we human, or are we dancer?

　orの前の部分は別におかしくありません。これは主語が'we'（私たち）で、**'human'は形容詞**で「人間の」という意味で使われているので、主語が複数でも変化はせず、特に問題ない文節です。

　おかしいのは後半で、**'dancer'は名詞なので、'we'の補語なら'dancers'にならないといけない**のですが、なぜか無冠詞で単数の'dancer'になっています。普通の英語では**本来、'Are we human, or are we dancers?'**（私たちは人間なのか、それとも踊り手なのか？）にならないといけないはずです。

　この文が文法的に正しいと無理でにも解釈できる状況は、実は、まったくないわけではありません。代名詞についてのROUTE 3-01で**royal we**を扱いましたが、この**語り手が王室の人間**なら、be動詞の後が単数になるということもあり得ます。名詞が無冠詞なのは、いわゆる**役職を示す無冠詞名詞**だと取って、王様とか女王様が仕事の割り振りについて「朕がダンサー役を務めるのか？」とかなんとか尋ねているのであれば、こういう文も成り立つかもしれません。

　……が、ザ・キラーズの'Human'は、別に王室メンバーが職務に

［注2］'The Killers - Human (Official Music Video)', TheKillersMusic, YouTube, 14 December 2009, https://youtu.be/RIZdjT1472Y, accessed 16 April 2023.

ついて語る歌とかではないので、この文はやはり文法的におかしいわけです。ここで'dancers'ではなく'dancer'という単数形が使われているのは、おそらくその少し後に'Looking for the answer'という歌詞があるからだと思われます。**'answer'と'dancer'は脚韻を踏む単語です。** その方がリズムとしてきれいなので、'answer'の発音に引かれて'dancer'になったのでしょう。

'Human'のサビは、ファンの間では、意味の分からない文法的におかしい歌詞として有名です。この歌の冒頭の歌詞には'sometimes I get nervous'（時々イライラするんだよね）という一節がありますが、このへんちくりんな歌詞はファンにとってはそれこそ聞くだけでイライラするものであるようで、実は'dancers'なのではないかとか、'denser'（「より密集した」、denseの比較級）ではないかなどという推測が乱れ飛んでいました。

実は、リードボーカルのブランドン・フラワーズは、この歌詞について質問されたときに、'dancer'だと回答[注3]しています。しかし、やはり奇妙であることには違いないので、この歌詞は2014年に変な歌詞ランキングの投票で1位に輝きました[注4]。

🏮 巨人の肩の上に立てなかったオアシス

アルバムタイトルで名詞の単複が間違っているという珍しいものもあります。イギリスのロックバンド、オアシス（Oasis）が2000年に発表した *Standing on the Shoulder of Giants* は 'Go Let It Out' など

[注3] James Montgomery, 'Killers' Brandon Flowers Stands behind 'Human' Chorus, Feathery Jacket', MTV, 30 October 2008,
http://www.mtv.com/news/1598299/killers-brandon-flowers-stands-behind-human-chorus-feathery-jacket/, accessed 16 April 2023.

[注4] Harriet Gibsone, 'What are the Weirdest Lyrics of All Time?', *The Guardian*, 1 August 2014,
https://www.theguardian.com/music/musicblog/2014/aug/01/weirdest-lyrics-of-all-

が収録されているアルバムですが、タイトル自体が英語としておかしいものになっています。

Standing on the Shoulder of Giants

　このアルバムタイトルは、よく見ると、**'Shoulder' が単数形なのに 'Giants' が複数形**です。巨人が複数いるのに肩が1つ？　というのは不可思議で、これは **'Standing on the Shoulders of Giants' となるべき**です。ザ・キラーズのヘンテコ歌詞には適合する状況が想像できた私でも、さすがに複数の巨人に1つしか肩がないという状況はなかなか想像しづらい……というか、怖いのであまり想像したくありません。

　'Standing on the Shoulders of Giants'（巨人の肩の上に立って）というのは、**中世くらいからヨーロッパで知られていることわざ**です。これは、先人が積み上げた業績を用いることで、遠くを見通し、新しいものを見つけることができる、という知識の重要性をうたった言葉です。英語の用例としては、アイザック・ニュートンによるものが有名です[注5]。この言葉は英語圏ではしょっちゅう見掛けるもので、論文検索エンジンである「グーグル・スカラー[注6]」はこの言葉を標語にしていますし、イギリスの2ポンドコインの側面にもこの言葉が書いてありました。間違えたのは、オアシスのノエル・ギャラガーが酔っぱらってこのコインの言葉を写したせいだという伝説[注7]がありますが、意味不明なアルバムタイトルとしてよく批判されています。現在の不評ぶりからして、このタイトルを決定した

---

time-the-killers, accessed 16 April 2023.

[注5] 北村紗衣『批評の教室——チョウのように読み、ハチのように書く』、ちくま新書、2021、p. 70。

[注6] Google Scholar,
https://scholar.google.com/, accessed 16 April 2023.

ときのオアシスは、巨人の肩に立って先を見通すことができなかったと言えるでしょう。

　私はオアシスが大好きなのですが、実はオアシスの作詞能力には常々あまり信頼を置いていません。というのも、こういう、本人たちは何か面白いと思っているのかもしれないけれども、はたから見ると意味がよく分からないだけ、という歌詞がたまにあるからです。

クイーンのブライアン・メイによる古風な言葉遣い

　最後に、一見おかしいようですが、**文法的に正しく単複を使っている歌詞**を紹介しようと思います。クイーン（Queen）の1975年のアルバム *A Night at the Opera*（『オペラ座の夜』）に入っている ''39' という曲に、次の歌詞があります（YouTube[注8] で聞ける場合は、1分2秒くらいのところです）。

> And the story tellers say / That the score brave souls inside / For many a lonely day sailed across the milky seas

　'And the story tellers say' は「そして語り部が言うには」で（「語り部」は一般的には1語でstorytellerとつづりますが）、語り部が言った内容はthat節以降です。次の 'the score brave souls inside' がくせものです。'score' の意味が取れない人が多いと思いますが、このscoreは「20」という数字です。

[注7] Kieran Read, '25 Worst Album Titles of All Time, from David Bowie to Cher', *The Independent*, 7 December 2019, https://www.independent.co.uk/arts-entertainment/music/news/25-worst-album-titles-beatles-david-bowie-cher-led-zeppelin-50-cent-list-a9226276.html, accessed 16 April 2023.

現代英語では普通、「20人の」と言う場合、こういう文脈ではscoreを名詞で使って'the score of 〜'となるほうが多いでしょうが、少し**古い言い方では、ofがなくなってscoreが形容詞のように使われる**ことがありました[注9]。''39'は、作詞したブライアン・メイが**わざと少し古くさい英語を使っておとぎ話風な語り**を作っているので、これは意図的でしょう。

　さらに、insideも何を指すのか曖昧なのですが、これは前に'the ship'、つまり船の話が出てきているので、おそらく'inside the ship'は「船の中にいる」という意味だと思われます。この'the score brave souls inside'が、'sailed across the milky seas'の主語になります。'the milky seas'は文字通りには「乳白色の海原」ですが、**the Milky Wayで「天の川」**を意味するので、ここはおそらくそれに引っ掛けてあり、「星の海原」とでも考えればよいでしょう。

　そしてscoreとともにここでのテーマに関連するのが、**'For many a lonely day'**です。'For'は期間を示す前置詞です。その後の部分について、'many'なのに単数形？と意味が分からなくなるかもしれませんが、**many + a + 単数名詞で「あまたの〜」**という意味になるので、これは文法的に正しい使い方です。many + a + 単数名詞もちょっと**文語的**な言葉なので、ここも詩的な表現をあえて使っています。全体を訳してみると、「そして語り部いわく、船の中にいた20人のつわものは、孤独の中、幾日も幾日も星の海原を航海したということだ」というような意味になるでしょう。

[注8] 'Queen – '39 (Official Lyric Video)' Queen Official, YouTube, 23 September 2014, https://youtu.be/kE8kGMfXaFU, accessed 16 April 2023.

ということで、''39' のこの部分は、「数の表現がおかしいのでは？」と思われるところがいくつかありますが、いずれも文法的には間違いではなく、わざと古めかしい雰囲気を出すために言葉を選んでいることが分かります。''39' は宇宙の旅が主題の不思議な歌で、ギタリストで天文学者でもあるブライアン・メイが、自分の得意分野で科学と芸術を融合させるべく、注意深く作った曲だと思われます。これくらい英語の単複をしっかり使いこなせるようになれれば素晴らしいのですが、多くの人にとってはなかなかそうはいきませんね。

[注9] 'score, n. III. 16. a' OED Online, Oxford University Press,
　　　https://www.oed.com/view/Entry/173033, accessed 16 April 2023.

'It's four less fingernails to clean.'の間違いは?
『ゲーム・オブ・スローンズ』でジョークになっている英文法

『ウォッチメン』『ゲーム・オブ・スローンズ』で学ぶ

ROUTE 3-05はネイティヴスピーカーでも混乱する単数形と複数形の区別がテーマでした。この項はその続編という位置付けで、**物の数や量**のお話をしたいと思います。取り上げるのはlittleとfew、扱う作品はテレビドラマの『ウォッチメン』(*Watchmen*, 2019年)と『ゲーム・オブ・スローンズ』(*Game of Thrones*, 2011年-2019年)です。

BLMの盛り上がりを予見したような社会派ドラマ

HBOが2019年に放送し、日本でもAmazonプライムなどで配信されているテレビドラマ『ウォッチメン』は、アラン・ムーアによる同名コミックのスピンオフ作品です。人種差別と暴力に満ちたアメリカの歴史がテーマで、警官によるアフリカ系アメリカ人男性殺害事件をきっかけに**ブラック・ライヴズ・マター**(**Black Lives Matter**)**運動**が盛り上がっている世相を予告するような鋭い作品です。ドラマの内容についてはあまり立ち入るとネタバレしますのでここには

[注1] 北村紗衣「努力家で優秀なアジア系女性という「人種」ステレオタイプ〜「ウォッチメン」分析」、wezzy、2020年6月10日
https://wezz-y.com/archives/77740、2023年4月16日閲覧。

書きませんが、それでもいいという方は私が別のところで書いたネタバレありレビュー[注1]をご覧ください。

雷が怖い?怖くない?

ここで取り上げたいのは、このドラマの第1シーズン第5話のタイトルである'Little Fear of Lightning'です。『ウォッチメン』の各エピソードには気の利いたタイトルが付けられていて、このタイトルはAmazonプライムのサイトなどで「落雷へのささやかな恐怖」[注2]と訳されています。

ここであれっと思った方もいると思います。このエピソードタイトル、Littleの前に不定冠詞のaがありません。**不定冠詞の付かないlittleは「ほとんど〜がない」、不定冠詞aが付いたa littleは「少し（はある）」**だと、英語の授業で習った方は多いと思います。つまりこのタイトルは、「落雷へのささやかな恐怖」ではなく、ほとんど落雷への恐れがない状態を指すのではないでしょうか?

『海底二万里』が元ネタ

実はこのタイトルは、19世紀フランスの小説家でSFの祖と言われるジュール・ヴェルヌの1870年の海洋冒険小説『海底二万里』の英訳の一節から取っています。SFニュースサイトである「サイファイ・ワイア」の記事[注3]によると、'If there were no thunder, men would have little fear of lightning.'の一部を取ったものだということ

[注2]「ウォッチメン（字幕版）」、Amazon、https://www.amazon.co.jp/dp/B082LT17XZ、2023年4月16日閲覧。

[注3] James Grebey, 'Every Last Easter Egg and Comic Reference in Episode 5 of HBO'S Watchmen', Syfy, updated on 15 November 2019, https://www.syfy.com/syfywire/watchmen-episode-5-every-easter-egg-comic-book-reference, accessed 16 April 2023.

です。

　この文の thunder は雷の音（雷鳴）、lightning は稲光を指します。仮定法過去を使っているので、「もし雷の音がしないのならば、稲妻なんぞほとんど恐れるに足りなかろう」くらいの意味です。フランス語の原文[注4]では 'La foudre, sans les roulements du tonnerre, effraierait peu les hommes[.]' となっており、日本語訳では「雷にしても、もしそれがごろごろという雷鳴を伴わなければ、さして怖くないのかもしれません」[注5]です。

　つまり、このエピソードタイトルの意味は、ささやかな恐怖があるのではなく、ほとんど恐れはないということです。前述の「サイファイ・ワイア」の記事で説明されているように、これは主要登場人物の一人であるウェイド（ティム・ブレイク・ネルソン）が、とある衝撃的な出来事の真相を知って怖がる必要がなくなったというエピソードのプロットに呼応しています。さらにこのエピソード自体に『海底二万里』の終盤のクライマックスへの目配りがあり、なかなか気の利いたタイトルになっています。

　しかし、タイトルの日本語訳には原文の意味があまり明確に表れていません。最初に不定冠詞 a が付いて 'A Little Fear of Lightning' なら「落雷へのささやかな恐怖」となるのですが、a がないと「ほとんど存在しない落雷への恐れ」、ということです。エピソードタイトルっぽく意訳すると**「落雷なんてほぼ怖くない」**くらいの意味になります。

［注4］ Jules Verne, *Vingt Mille Lieues sous les Mers*, Gallica, 1871, https://gallica.bnf.fr/ark:/12148/btv1b8600258f/f186.item.r=foudre, accessed 16 April 2023.

［注5］ ジュール・ヴェルヌ『海底二万里』全2巻、渋谷豊訳、角川文庫、2016、上巻、p. 312。

数えられる？　数えられない？

　不定冠詞のaが付くか付かないかで意味が変わってしまうややこしいlittleですが、もう一つ問題なのは、どこでlittleを使ってどこでfewを使うかということです。基本的にはfewは1個、2個……と数えられるものに使い、littleは数えられず量ではかるものに使います。非常に単純に言うと、**複数形の語尾sが付いている名詞にはfew、そうでない名詞にはlittle**を使います。

　fewもlittle同様、不定冠詞aが付くと「多少はある」という意味になりますが、**aがない状態で使うと「ほとんどない」**という意味になります。**littleの比較級はless、fewの比較級はfewer**です。比較級はaを付けずに使います。実はfewとlittleの区別はネイティヴスピーカーでも難しいと思うことがあるようで、特に**比較級になると混同**してしまうことがあるようです。

『ゲーム・オブ・スローンズ』の「文法警察」

　この区別に大変厳しいのが、HBOのドラマ『ゲーム・オブ・スローンズ』シリーズで七王国の王座を争う王位請求者の一人だったスタニス・バラシオン（スティーヴン・ディレイン）です。スタニスが文法に厳しいというのはこの作品のファンの間では有名[注6]で、ファンコミュニティでは文法警察などと呼ばれていたほどです。放送期間中は、スタニスが**lessとfewerの誤用を訂正**するたびにファンが盛り上がって[注7]いました。

[注6] Max Knoblauch, 'Stannis Baratheon: King of Westeros, Lord of Grammar', Mashable, 11 May 2015,
https://mashable.com/2015/05/11/stannis-baratheon-grammar/, accessed 16 April 2023.

第2シーズン第4話では、スタニスが右手の4本分の指先を失っている部下のダヴォス・シーワース（リアム・カニンガム）と次の会話を交わします。

> **Davos:** [...] it's four less fingernails to clean.
> **Stannis:** Fewer.
> **Davos:** Pardon?
> **Stannis:** Four fewer fingernails to clean.

　最初のダヴォスの発言はちょっとくだけた文ですが、「きれいにする手指の爪が4枚分少ない」ということで、「爪の手入れが4枚少なくて済みます」くらいの意味です。しかし、**'fingernail'（指の爪）は量ではかるのではなく1枚、2枚……と数えるものなので**、次のセリフでスタニスが言っているように本来は **fewer を使わないといけません**。ダヴォスはよく分からなくて聞き返していますが、さらに次のセリフでスタニスは 'less' を 'fewer' に訂正しています。

　この場面がファンに受けたせいなのか、スタニスは同じ訂正を第5シーズン第5話でもやっています。王国の北側を守る冥夜の守人たちが野人の処遇について議論しているとき、野人が死ねば 'less enemies for us'（自分たちの敵がもっと少ない）状態になる、という意見に対してスタニスがボソッと端で 'Fewer.' と言います。ここで相変わらずダヴォスが 'What?'（え？）と聞き返しますが、スタニスはさらに小さい声で 'Nothing.'（なんでもないんだ）と答えます。

スタニスに仕えていたダヴォスは主人の死後、ジョン・スノウ（キット・ハリントン）の部下になります。ダヴォスは亡き主人に教わった文法をよく覚えていたようで、第7シーズン第4話では自ら文法警察になりました。ジョンが'How many men do we have in the north to fight him? 10,000? Less?'（北部であいつと戦える男は何人いる？1万人かな？もっと少ない？）と尋ねると、ダヴォスは'Fewer.'と訂正します。ここではジョンは**兵士の数**に言及しているので、**'less'**ではなく**'fewer'**でないといけません。この訂正はかつてのボスに対するダヴォスの真面目な敬意がいまだに残っていることを示しており、キャラクターの描写に貢献しています。

文法のまとめ

　とてもややこしくて『ゲーム・オブ・スローンズ』の登場人物も間違えてしまうless と fewer の区別ですが、最後にまとめとして表を用意しますので、しっかり見て覚えましょう。

	数えられる	数えられない
「ほとんどない」	few	little
「少しはある」	a few	a little
比較級「より少ない」	fewer	less
使われる単語	men、fingers など複数形にできるもの	milk、snow など量ではかるもの

英文法の坂道を上る

『アマデウス』から『ジョーズ』まで

散策ルート**4**

学校英文法で習ったのに忘れがちなandの用法とは? ナショナル・シアター・ライブでも有名な『アマデウス』

数多く再演、映画化されている人気作

ピーター・シャファー（Peter Shaffer、日本語では「シェーファー」表記が多いですが）の戯曲『アマデウス』（*Amadeus*）は1979年に初演され、それ以来、世界各地で上演されている人気作です。1984年にはミロシュ・フォアマン監督により、映画化もされました。2016年にはロンドンのナショナル・シアターが再演しており、この上演は舞台演目を撮影して世界中の映画館で上映するナショナル・シアター・ライブのラインナップに入った[注1] ほか、新型コロナウイルス流行によって劇場が閉鎖されている期間にはナショナル・シアター・アット・ホーム企画の一環[注2] としてオンラインでも無料配信されていました。この項では戯曲『アマデウス』を題材に、うっかり**誤解しやすい接続詞andの使い方**について説明したいと思います。

実在した2人の音楽家の人生を脚色した『アマデウス』

『アマデウス』（*Amadeus*）というタイトルはモーツァルトのフルネ

[注1] 「アマデウス」、ナショナル・シアター・ライブ、https://www.ntlive.jp/amadeus、2023年4月16日閲覧。

[注2] 'Amadeus', National Theatre, https://www.ntathome.com/amadeus, accessed 16 April 2023.

ームであるヴォルフガング・アマデウス・モーツァルトに由来します。ラテン語のamare（愛する）＋deus（神）から成る言葉で、「神を愛する」あるいは「神に愛される」という意味です。「アマデウス」がこの戯曲のタイトルとなっていることには大きな理由があり、基本的にこの作品は**キリスト教における神への信仰と反逆の物語**です。

　主人公である作曲家サリエーリは音楽を愛し、自分に才能と成功を与えてくれるよう幼い頃から神に祈り、音楽家を目指して勉強と善行に励みます。大人になり、ウィーンの音楽界で活躍しているサリエーリはモーツァルトに出会います。モーツァルトは下品な遊び人である一方、サリエーリがまったく及ばない独創的な音楽の才能を備えていました。神は努力家で敬虔なサリエーリではなく、放蕩者のモーツァルトに音楽の才能を与えたのです。この不公平に怒ったサリエーリは、モーツァルトを陥れることを通して神に対する復讐を行おうとします。

　モーツァルトはもちろんのこと、サリエーリも実在の人物ですが、サリエーリがモーツァルトを陥れようとしたという話自体は史実に沿ったものではありません。さらに、これも勘違いされやすいところなのですが、『アマデウス』においてサリエーリは実際に手を下してモーツァルトを殺害しているわけではなく、策略によって破滅と死に追いやっています。サリエーリの嫉妬と策略がこの作品の見どころです。

⚿ 学校で習う英文法「命令文+and」

『アマデウス』は主人公であるサリエーリの独白が多い作品です。サリエーリがモーツァルトの楽譜を見て、曲の構成について次のように感嘆するところがあります。

> Displace one note and there would be diminishment. Displace one phrase and the structure would fall.
>
> *Amadeus*, Act 1, p. 58

これは2回出てきている 'Displace' が動詞の原形で、どちらも、**命令文＋and の構文**です。高校文法で習った記憶がある人も多いかと思いますが、「**〜しなさい、そうすれば……になります**」という文ですね。こんなのどこで使うんだろうと思った人もいるかもしれませんが、英文を読んでいると結構出てきます。

最初の文の **'diminishment'** は「減少させる」という意味の動詞 **'diminish'** の名詞ですが、ここでは音楽的な効果が減少してしまうことを指しています。2番目の文の **'phrase'** はここでは「楽節」です。

訳してみると、「音を一つ外してみろ、そうすればつまらなくなるだろう。楽節を一つ外してみろ、そうすれば構成が崩れてしまうだろう」くらいになるでしょう。モーツァルトの楽曲が完璧に作られていることを示すセリフです。

このサリエーリの発言でちょっとくせものなのは、**and 以下に助動詞would が使われている**ことです。これはand 以下が仮定法の帰結部分のように扱われているからです。**命令文＋andの文は、意味の上では「もし～したら、……になる」という仮定法に近く、ifを使って書き換えることができます**。帰結の部分でwould ＋動詞の原形が使われているということは、ifを用いた条件節の動詞は過去形になるはずです。

　このサリエーリの発言を仮定法に書き換えてみると、次のようになります。

> If you displaced one note, there would be diminishment. If you displaced one phrase, the structure would fall.

　定型的な仮定法過去の文章になり、「もし音を一つ外してみたら、つまらなくなるだろう。もし楽節を一つ外してみたら、構成が崩れてしまうだろう」ということになって、命令文＋andの文と大体同じような意味になります。ここでは帰結部分にwould ＋動詞の原形が使われており、サリエーリの気持ちとしてはこのセリフを仮定法過去で言っているところがポイントです。**仮定法過去は現在の事実に反した仮定**で、つまりサリエーリは目の前にあるモーツァルトの楽譜を見て、この譜面について音を変えるとか楽節をいじるとかいう改善は自分ではまったく提案できない、それくらい音楽が完璧だ、という気持ちでこの発言をしています。

このように、命令文＋andは仮定法と似たような意味になるので、日本語に翻訳する際は仮定法のように訳したことがよい場合もあります。ハヤカワ演劇文庫から出ている倉橋健、甲斐萬里江による日本語訳でも、仮定法のように訳しています[注3]。命令文＋andの形がうまく訳せないときは、仮定法に置き換えて自然な日本語になるよう考えてみましょう。

同じ仮定の意味の「名詞＋and」

　このお芝居にはもう1カ所、andを使った仮定法が出てくるところがあります。先ほど紹介した場面の少し前で、モーツァルトの妻であるコンスタンツェがサリエーリに、エリザベート王女の音楽教師の地位に夫を推薦してほしいと頼むところで、こんな発言が出てきます。

> One word from you and the post would be his.
>
> *Amadeus*, Act 1, p. 52

　これも高校文法でうっすら習った覚えがある方もいるでしょう。**名詞（句）＋and**で「**〜があれば、……になるだろう**」という意味になる文です。多くの場合は名詞句の部分に比較級が使われますが、このコンスタンツェの発言には比較級が含まれていないので、一見したところでは構文が分からなかった人もいるかもしれません。'the post' は教師の「職」、助動詞wouldは仮定法の帰結部分であることを示しているので、「あなたから一言あれば、その仕事は夫のものに

[注3] ピーター・シェーファー『ピーター・シェーファー I ──ピサロ／アマデウス』伊丹十三、倉橋健、甲斐萬里江訳、早川書房、2020、p. 344。

なるでしょう」という意味です。ifを使った文に書き換えると、次のようになります。

If there were one word from you, the post would be his.

意外と忘れやすいandの用法

接続詞のandはよく出てくるのでこの単語自体を忘れることはまずないと思いますが、仮定の文で使うandは、普段から英語を読み慣れていないとうっかり忘れてしまうこともあるかと思います。読んでいてなんとなく浮いているandがあってしっくりこないというときは、この仮定の用法を思い出してみましょう。

〈参考文献〉
■Peter Shaffer『アマデウス』倉橋健、甲斐萬里江編注、音羽書房鶴見書店、2012（『アマデウス』からの引用はすべてこれによる）。
■遠藤雅司『宮廷楽長サリエーリのお菓子な食卓――時空を超えて味わうオペラ飯』春秋社、2019。
■水谷彰良『サリエーリ 生涯と作品――モーツァルトに消された宮廷楽長』新版、復刊ドットコム、2019。
■北村紗衣「サリエーリの復讐」『英語教育』69.9、2020年11月号、95。
■ピーター・シェーファー『ピーター・シェーファー I ――ピサロ / アマデウス』伊丹十三、倉橋健、甲斐萬里江訳、早川書房、2020
■Peter Shaffer, *Amadeus: A Play by Peter Shaffer*, Harper, 2001.

'They caught a shark, not the shark.' の意味は？ 映画『ジョーズ』での aとtheの使い分け

『ジョーズ』の例で定冠詞theと不定冠詞aを確認

　定冠詞のtheと不定冠詞のaは、使い方がよく分からず苦手だという英語学習者も多いかと思います。「定」と「不定」という名前のとおり、基本的には特定されているものに付けるのがthe、特定されていないものに付けるのがaなのですが、そう言われてもなかなか分からないところがあると思います。ここでは、映画『ジョーズ』（*Jaws*, 1975年）などを題材に、**どういうときにtheを使い、どういうときにaを使うのか**について簡単に説明したいと思います。

どのサメ？

　『ジョーズ』はスティーヴン・スピルバーグ監督による1975年の映画です。サメに襲われるビーチリゾートの街を舞台にした動物パニックものです。この手の映画としては古典と言えるもので、これ以降、亜流作品が大量に登場し、今や「サメ映画」というジャンルが確立するほどの人気になっています。

『ジョーズ』には、'harpoon'（[捕鯨などに使う]銛）とか'sheepshank'（締め結び）とか、日常語としては聞き慣れない海や船の用語がたくさん出てきます。初心者の英語学習者にとってそんなに易しい映画ではありません。しかし、この作品には定冠詞と不定冠詞の違いについてよく分かるセリフが出てきます。

　この映画では、夏の多客期を目前にした海水浴場で人がサメに襲われ、死亡します。観光客を呼び込むためには海水浴場を開けないといけないので、地元の人々は人食いザメを捕まえる必要に迫られます。懸賞金も出ることになって、皆がサメ狩りに精を出し、とうとう1匹のサメが捕まえられます。ところが、現地調査に派遣されていたサメの研究者であるマット・フーパー（リチャード・ドレイファス）は、捕まったサメの口のサイズが被害者の遺体の状態と一致しないため、疑いを抱いて次の発言をします。フーパーは学者っぽく早口で話す上、ここはうるさい場面で非常にセリフが聞き取りにくく、文章もちょっと不完全ですが、大体このようなことを言っています。

> **Hooper:** What I am saying is that it may not be the shark. It's just a slight ... It's a difference in semantics [...].

　ここで'the shark'をただ「サメ」と訳してしまうと意味が分からなくなります。that節の主語である'it'は、フーパーも含めた皆の目の前にぶら下がっている、捕まえられたサメを指します。その後の述部の部分で重要なのが'the shark'で、これは「例のあのサメ」、つまりここ数日ビーチで話題になっていた、人を襲ったサメです。**定**

冠詞のthe は直後に来る名詞のshark を特定する働きをしています。

　これについてはフーパー自身が 'semantics'、つまり「意味合い」の違いだと言っていて、フーパーが意識して定冠詞のthe を使っていることが分かります。フーパーは学者でちょっと理屈っぽい性格なので、'semantics' などという少し難しい言葉を日常会話でもポロっと口にします。フーパーの発言を訳してみると、「僕が言ってるのは、そこにあるこいつは、例のあのサメじゃないかもしれないってことなんですよ。ほんのちょっとした……意味合いの違いですけどね」となります。この後、フーパーは 'I'm not saying that this is not the shark.'（僕はこれが例のあのサメじゃないと言い張ってるわけじゃないんですよ）とも言っており、'the shark' はやはりビーチで人を襲ったサメを指しています。

　フーパーはこの後、地元の警察署長であるブロディ（ロイ・シャイダー）とその妻エレン（ロレイン・ゲイリー）の家を訪ね、エレンとこんな会話をします。

> **Ellen:** I thought you told me the shark was caught [...].
> **Hooper:** They caught a shark, not the shark.

　エレンはこのとき、最初はちょっと夫の方を向いて言っているので、'you' はおそらくブロディを指しています。エレンの発言は、「例のサメは捕まったと言ったんだと思ってたけど」ということです。エレンの発言に答えるフーパーは、映画では 'a shark' のa のところを

強調して、普通の「ア」/ə/ という発音ではなく、「エイ」/éi/ という強い発音をしています。これは「とあるサメ」のような意味ですが、つまり単なるサメが1匹捕まっただけであって、'the shark' こと人を襲った例のサメが捕まったわけではない、ということを言っています。主語の 'They' はサメを捕まえた人たちを指しており、特に訳出しなくても構いません。

　ここでは不定冠詞のaと定冠詞のtheの使い分けがとても重要で、「単にサメを1匹捕まえただけで、例のあのサメを捕まえたというわけじゃなかったんです」というふうに解釈しなければなりません。『ジョーズ』ではこのように、すでに出てきたものを指すtheと、一般的な特定されていないものを指すaがはっきり使い分けられているところがあります。それを理解して訳さないと状況がよく分からなくなりかねません。

　ただし、ここで挙げた例のようにtheとaの両方が使い分けられていると明らかに分かる文脈で出てくる場合は、まだ理解しやすいと思います。単独でtheやaが出てくるだけだと正確に意味を把握できないこともあるので、注意が必要です。

特定するtheの働き

　定冠詞のtheは後に来る名詞を特定する働きをするので、場合によっては「例のあの〜」というように、固有名詞に近いような単語のまとまりを作ることがあります。例えば、「詩人」を指す英単語の

bardにtheを付けてbを大文字にした 'the Bard' は「例のあの詩人」
で、これはイギリスの国民的詩人であるウィリアム・シェイクスピ
アを指します。

　さらにアメリカ英語では、「丘」を指すhillにtheを付けてhを大
文字にした 'the Hill'、つまり「例のあの丘」という表現で「アメリ
カ合衆国議会」を指します。これはアメリカ合衆国議会がワシント
ンD.C.のキャピトル・ヒル（Capitol Hill）にあるからです。この地
域は「例のあの丘」として 'the Hill' と呼ばれており、さらにそこに
ある議会も 'the Hill' と呼ばれています。ワシントンD.C.には *The
Hill* という政治紙もあります。

日本語でも「永田町」で政界を、「霞が関」で官庁を指すなど、地名を転用して政治機能を指す言葉として使うことはよくあります。英語では定冠詞を使い、Capitol を省略してさらに 'the Hill' と短くしているわけです。

　このように、冠詞はなかなか奥が深いものです。日本語にはない概念なので、日本語を第1言語とする学習者にとっては身に付けるのが難しく、基本的にはいろいろな文章に触れながら慣れるほかはありません。聞き逃しがちな単語でもありますが、時には気を付けて聞き取ったり、読み取ったりして意味を考えてみましょう。

ショーン・コネリーが好んで使った「二人称複数」のyouseとは？アメリカ英語ではどう表現する？

イギリスの名優ショーン・コネリーをしのんで

　この原稿を書き始めた2020年11月1日、スコットランド出身の映画俳優であるショーン・コネリーが昨日、90歳で亡くなったという訃報が入ってきました。

　007シリーズのジェームズ・ボンド役や『薔薇の名前』（*The Name of the Rose*, 1986年）のバスカヴィルのウィリアム役などで知られる大スターであり、映画界からはコネリーを悼む声がたくさん聞こえてきました。往年のハリウッドをしのばせるゴージャスな迫力を持つスターだったため、スコットランドの前首相であるアレックス・サモンドは「世界で最も偉大なスコットランド人であり、本物のハリウッドスターの最後の生き残り」[注1]だったとコメントしています。

　今回の記事では、そうしたコネリーを追悼する発言の中から、故人の話しぶりがしのばれるようなものを取り上げて解説してみたいと思います。

［注1］ 'Sean Connery: James Bond Actor Dies Aged 90', BBC, 31 October 2020, https://www.bbc.com/news/entertainment-arts-54761824, accessed 16 April 2023.

［注2］ Brian Koppelman, @briankoppelman, Tweet, 1 November 2020, https://twitter.com/briankoppelman/status/1322718329581244417, accessed 10 November 2020（2023年5月22日時点ツイート非公開）.

コネリーの思い出を振り返る英語ツイート

　ショーン・コネリーの訃報に際し、『オーシャンズ13』(*Ocean's Thirteen*, 2007年) の脚本家の一人であるブライアン・コッペルマンがコネリーと一緒に仕事をしたときの思い出をTwitterで語っています。その長いスレッドで述べられているのは、コッペルマンと仕事仲間であるデヴィッド・レヴィーンが2004年、コネリーの出演作のために脚本の書き直しを頼まれたときの話です。

　コネリーは非常に仕事熱心で、当時は無名の脚本家だったコッペルマンとレヴィーンとの関係も大変良好であり、真面目に作品に取り組んでいたらしいのですが、監督 (このスレッドでは名前は伏せられています) がてんでダメだったせいで映画の企画はつぶれてしまったそうです。

　コネリーの仕事ぶりはもちろん、ハリウッドで脚本のリライトがどう行われているかなども垣間見える面白い話なのですが、ここで注目したいのは、下に引用したコッペルマンの2つの投稿です[注2]。

コッペルマンのツイート1

"Should we get the studio or direction on the speaker phone?"
"No. Youse'll tell em what we're gonna do." We spend the day working. He then says one of our favorite line ever.
"that's about half the thing. Let's have a shit, shave and shower and back at it."

[注3] Frank McNally, 'The Correct Youse of English: An Irishman's Diary about a Verbal Vacuum', *The Irish Times*, 11 December 2013, https://www.irishtimes.com/culture/heritage/the-correct-youse-of-english-1.1623440, accessed 16 April 2023.

[注4] Shan Ross, 'Map Charts Expressions and Dialects across Scotland', *The Scotman*, 17 December 2019, https://www.scotsman.com/heritage-and-retro/heritage/map-charts-expressions-and-dialects-across-scotland-1343913, accessed 16 April 2023.

> **コッペルマンのツイート2**
>
> "You're going to walk into customs and demand the package?"
> "call youse fellas in an hour or so." He does. He gets the thing,
> extracts a promise from them to hand deliver all future packages.
> And gives us the best notes on our pages. We spend the next
> couple weeks working w him.
>
> ともに午前10:53　2020年11月1日

　どちらもダブルクォーテーションマーク（" "）で人の発言が囲ってありますが、それぞれの発言を誰が話したのかについては明示されていません。文脈から分かるので発言者が省略されているのですが、文脈以外に大きな手掛かりがあります。

　Twitterの投稿なので表記などにちょっと一貫性がないため、少し整理して分かりやすいように書いてみます。最初のツイートには、次の会話が記されています。

> 'Should we get the studio or director on the speaker phone?'
> 'No. Youse'll tell em what we're gonna do.'

　文脈からして最初の発言の 'we' はコッペルマンとレヴィーンを指します。次がコネリーの発言です。**'em' は them の省略形**で、'the studio or director' を指します（このツイートは全体に省略が多く、最後の 'w him' は 'with him' のことです）。「スタジオか監督を会議のスピーカーホンに呼びましょうか？」「いや、僕らがやることは君たちから先方

［注5］'yous, pron.' OED Online, Oxford University Press, updated in June 2022, https://www.oed.com/view/Entry/232182, accessed 16 April 2023. （アクセス制限あり）

［注6］Edward McClelland, 'Here's Hoping All Youse Enjoy This', *Chicago Tribune*, 6 February 2017, https://www.chicagotribune.com/opinion/commentary/ct-language-yinz-youse-perspec-ya-ll-you-guys-perspec-0207-jm-20170206-story.html, accessed 16 April 2023.

に話してもらうようにしよう」というような会話です。映画スタジオのスタッフがリライトについての会議に直接参加する必要はなく、決めたことを後でコッペルマンとレヴィーンから報告してもらうのでOKだろうという話の流れですね。

2つ目のツイートは、コッペルマンとレヴィーンがコネリー宛てに送った荷物が税関で止められてしまったときの話で、次のような会話が書かれています。

> 'You're going to walk into customs and demand the package?'
> 'Call youse fellas in an hour or so.'

'Call' の前には 'I'm gonna' などを補ってみましょう。「直接税関まで歩いていって包みをよこせって言うつもりなんですか？」「1時間くらいでそっちに電話するからさ」という内容です。最初の発言がコッペルマンとレヴィーン、その次がコネリーの発言です。行動的なコネリーの性格が分かる会話になっています。

 ## スコットランド男の話し方：youseとは

ここで注目したいのは、コネリーの発言にある 'Youse'll' や 'youse fellas' です。**'youse'、あるいは 'yous' という単語は学校英語ではほとんど習わない**と思うのであまり聞いたことがない人も多いかと思うのですが、これは**二人称複数の代名詞で、つまり「あなたたち」という意味**です。「えっ、二人称複数の代名詞はyouでは？」と思う

［注7］ Katrine Bussey, 'Scottish Independence: Sir Sean Connery Urges Scots to Break away from Britain as Opportunity 'Too Good to Miss'', *The Independent*, 2 March 2014, https://www.independent.co.uk/news/uk/politics/scottish-independence-sean-connery-backs-yes-vote-and-says-it-s-opportunity-not-be-missed-9163489.html, accessed 16 April 2023.

［注8］ 'James Bond Actor Sean Connery Dies Aged 90', *The Irish Times*, 31 October 2020, https://www.irishtimes.com/culture/film/james-bond-actor-sean-connery-dies-

でしょうが、you は基本的に二人称の単数と複数、両方に使用されます。

　昔の英語では thou が二人称の単数、you が二人称の複数という使い分けがあったのですが、今は you に一本化され、thou はヨークシャーの一部などを除くとほとんど使われていません。しかし、話していて二人称の単数と複数を区別したいときは結構あるので、英語圏の各地で **you の複数形が方言として発達**しています。

　youse や yous はアイルランド [注3] やスコットランド [注4] で使われている二人称複数の代名詞です [注5]。イングランドの北方やアメリカ、オーストラリアなど、もともとこうした単語が使われていた地域から移民してきた人々が多く住んでいるようなところでは、今も高齢者が使っている [注6] ようです。アメリカでは、特にフィラデルフィア近郊でよく使われます。

　ショーン・コネリーはスコットランド人であることに誇りを持っており、スコットランドの独立を支持し [注7]、出身地であるエディンバラ辺りの方言を話して [注8] いました。美声のコネリーのおかげで、エディンバラ方言が好ましいアクセントとして広く認識されるようになったのではないか [注9] という話もあるくらいです。

　このツイートでコッペルマンは、コネリーが話していたスコットランド方言をおそらくそのまま書いているのではないかと思われます。**スコットランド人がよく使う youse が出てきていて、わりとフ**

　　　aged-90-1.4396636, accessed 16 April 2023.

[注9] Yohannes Lowe, 'Edinburgh Accent among Most Attractive in the World due to 'Bond Effect', Survey Finds', *The Telegraph*, 6 August 2020, https://www.telegraph.co.uk/news/2020/08/06/edinburgh-accent-among-attractive-world-due-bond-effect-survey/, accessed 16 April 2023.

ランクな感じのしゃべり方がそのまま表現されています。映画ファンであれば、こうした発言がコネリーのものだということが勘で分かるように書かれています。いかにも有無を言わせぬスコットランド男といったような口調が（ちょっと盛っているのかもしれませんが）再現されているからです。

二人称複数代名詞のバラエティー：you guys, you all

二人称複数代名詞を表す言葉はほかにもあります。地域ごとのバラエティーがたくさんあるので一般化は困難ですが、**アメリカ英語で二人称の複数を明示したいときによく使われるのは2語のyou guys**です。一見したところでは代名詞っぽくないのですが、まるで代名詞のように使われます。たとえば『エンターテインメント・ウィークリー』のインタビュー映像[注10]では、バラク・オバマ前大統領が最後に 'Thank you guys.'（皆さん、ありがとう）と述べており、これは 'Thank you.' のyouを複数形you guysにしたものと考えることができます。

guyは主に男性を指すのですが、**アメリカ英語のyou guysは相手の性別を問わず広く使われている**ようです。例えば、CNNニュースのフッテージ[注11]では、オバマ前大統領がガールスカウトの少女たちに対して 'What are you guys doing in my yard?'（君たち、僕の庭で何してるのかな？）と聞いています。オバマ前大統領は分かりやすく教養人らしいアメリカ英語を話します。さらに、こうした動画では子どもに優しく話し掛けるような文脈で代名詞のようにyou guysを

[注10] 'President Obama & Michelle Obama Answer Kids' Adorable Questions', *Entertainment Weekly*, YouTube, 12 January 2017, https://www.youtube.com/watch?v=md68cIq-I4g, accessed 16 April 2023.

用いています。you guysはアメリカ英語では標準的な表現として使用されていることが分かります。

　一方、**アメリカの南部ではyou allとか、それを短くしたy'allが二人称複数の代名詞として使用**されることがあります[注12]。『オクスフォード英語辞典』によると、アメリカの中部やカリブ海地域でも使われることがあるようです。

　guyは主に男性を指す言葉だということもあり、**ジェンダーニュートラルな表現を好む人はyou allやy'allを用いる**ことがあります。アメリカ南部出身のフェミニストで黒人文学の有名な作家であるアリス・ウォーカーは（近年いろいろコントロヴァーシャルな発言も多い作家ですが）、you guysが男性ばかりを指しているように聞こえるため、you allの方が好きだそうです[注13]。

［注11］'Obama to Scouts: 'What are you Guys Doing in my Yard...', CNN, YouTube, 2 July 2015, https://www.youtube.com/watch?v=ZzD-1BmgPBY, accessed 16 April 2023.

［注12］'you-all, pron.' OED Online, Oxford University Press, updated in September 2022, www.oed.com/ view /Entry/232148, accessed 16 April 2023.

［注13］Alice Walker, *Anything We Love Can Be Saved: A Writer's Activism*, Ballantine Books, 2012 (first published in 1998), pp. 176-177.

［注11］

［注12］

ROUTE 4-04

ストリッパーズ、JFK、スターリン
〜オクスフォードコンマをどう教えるか？

andの前につけるコンマ

　オクスフォードコンマ、あるいはシリアルコンマという言葉があります。これは、**3つ以上のものを英語で列挙する時に最後のand の前につける**コンマのことです。例をあげてみましょう。どちらも「パセリ、セージ、ローズマリー、タイムを買いなさい」という意味ですが、最初の文はオクスフォードコンマが無い文、二番目はある文です。

Buy Parsley, Sage, Rosemary and Thyme.

Buy Parsley, Sage, Rosemary, and Thyme.

オクスフォードコンマの使い方

　'Parsley, Sage, Rosemary and Thyme' というのは、有名なイングランドのバラッド「スカボロー・フェア」（'Scarborough Fair', イギリス英

語では Scarborough は「スカーバラ」に近い発音）の歌詞の一部です。サイモン＆ガーファンクルがこの曲を収録したアルバムのタイトルとして歌詞のこの部分を採用したため、この一節はとてもよく知られていて、曲名が 'Parsley, Sage, Rosemary and Thyme' だと勘違いしている人もいるかもしれません。アルバム名にはオクスフォードコンマはありませんし、あってもなくても発音は同じです。

　このコンマは地域や媒体によって使用状況がまちまちで、**アメリカでは比較的使われる**と言われていますが、一方で**イギリスでもオクスフォード大学出版局が出しているスタイルガイドでは基本的に使用するように**ということになっています[注1]。このため通称「オクスフォードコンマ」と言われています。

オクスフォードコンマをつける理由

　オクスフォードコンマを使うのは、文章が曖昧になるのを防ぐためです。先ほどあげた 'Parsley, Sage, Rosemary and Thyme' のような列挙はコンマがあってもなくても問題ないのですが、たまにオクスフォードコンマを打たないと何通りかに解釈できてしまう文章が出てきます。たとえば、以下の文は少なくとも2通りに解釈できます。

> I sent letters to my lawyers, Aunt Jasmine and Uncle Aladdin.

　ひとつめの解釈の可能性としては、「私は自分の弁護士、ジャスミンおばさん、アラジンおじさんに手紙を送った」で、3種類の別々

[注1] 'Oxford University Press Academic Division Guide for Authors and Editors', Oxford University Press, 2014,
https://www.oxfordreference.com/fileasset/files/QuickReference_AuthorGuidelines.pdf, accessed 3 February 2023.
Anne Waddingham, ed., *New Hart's Rules: The Oxford Style Guide*, second ed., Oxford University Press, 2014, pp. 77-78.

の宛先に手紙を送ったことになります。

　ふたつめの解釈の可能性としては、複数形の 'my lawyers' と 'Aunt Jasmine' 及び 'Uncle Aladdin' が同格だと考え、「私は自分の弁護士であるジャスミンおばさんとアラジンおじさんに手紙を送った」ともとれます（つまり、自分の顧問弁護士がおじさんとおばさんだということです）。これはコンマが同格の名詞を並べる時にも使用されるためです。

　前者の意味で書いたつもりなら、**オクスフォードコンマを使えば曖昧さを排除できます**。'I sent letters to my lawyers, Aunt Jasmine, and Uncle Aladdin.' とすれば、and の前にコンマがあるので、弁護士、ジャスミンおばさん、アラジンおじさんの3人に手紙を送ったことが明確です。

　後者の意味で書いたつもりである場合、いくつか書き換えの可能性がありますが、簡単なのは 'I sent letters to Aunt Jasmine and Uncle Aladdin, who are my lawyers.' でしょう。関係代名詞を非制限用法で使います。

有名なオクスフォードコンマの例

　オクスフォードコンマの効用についてはいくつか有名な例文がありますが、最も有名なのはおそらくアメリカ合衆国大統領だったジョン・F・ケネディとソ連の独裁者だったヨシフ・スターリンが登場する次の文章です。

We invited the strippers, JFK and Stalin.

　この文は「我々はストリッパーたち、JFK、スターリンを招待した」という列挙の意味と、「我々はJFKとスターリンであるストリッパーたちを招待した」という同格の意味、二種類でとることができます。

オクスフォードコンマを入れて 'We invited the strippers, JFK, and Stalin.' とすれば、間違いなく前者の意味になります。この例文は有名で、よく左ページのような画像と一緒に、知っておくと便利な文法知識として紹介されます。

　私もこの例文はインパクトがあってかなり面白いと思うのですが、一方でちょっとストリッパーをバカにしている感じがあるのはなんとなくイヤだなと思っています。私はストリップティーズの一種であるバーレスクを研究していたことがあるのですが、踊りながら服を脱いでいくストリップティーズというのはけっこう技術の必要なパフォーマンスです。それなのに、世間では性差別もあいまって女性が服を脱ぐだけの技術の要らない見せ物だと思われており、こういうところで下ネタのオチみたいに使われることも多いのです。

　また、すでにかなり文法の知識がある大人同士でこういう例文を見て面白がるのはとくに問題はないでしょうが、子どもに対する教育の場で使うのはちょっと問題です。この「ストリッパーたち、JFK、スターリン」の例文は女性の裸を面白おかしくネタにしたジョークですが、この種の下ネタを子どもの前で使うのは、そういうふうに女性の体というのはネタにしていいものなのだ……という性差別的な雰囲気をなんとなく生み出すことにつながりかねません。

オクスフォードコンマの例が引き起こした騒動

　実際、2015年にテキサス州ダラスの高校でオクスフォードコンマ

を教えるために教員がこの例文とイラストを使い、保護者がびっくりして騒ぎになったということがありました[注2]。そんなお堅いことを……と思うかもしれませんが、いろいろな性別やバックグラウンドの人がいる教育や研究の場で性的なことがらを含んだジョークを言うのは、マジョリティの男性ではない人にとっては居心地の悪い環境を作り出します。性的なことがらを真面目に論じるのは教育の場でどんどんやるべきことですが、教員が単なるインパクトを狙って下ネタを使うというのは、女子生徒やさまざまな性的マイノリティの生徒を萎縮させることにもつながります。ストリッパーの例文は面白いですが、時と場所を選んで使わないといけませんし、教育の場で使うのはふさわしくないでしょう。ほかにもオクスフォードコンマがあったほうが良い文はたくさんあるので、子どもに文法を教える時には別の例文を選んだほうが安全です。

　「ストリッパーたち、JFK、スターリン」は極端な例ですが、実は英語の教科書などにのっている例文が性差別的だとか、教科書全体が既存の性役割を押しつけ気味だというようなことは結構あり、最近の教育界はそうしたことに注意を払うようになっています。1980年代頃から英語教科書の性差別については研究があり、いろいろな対策がとられています。こうした潮流は英語だけのものではなく、最近ではイギリスの中等教育で使われるラテン語の代表的な教科書であるケンブリッジラテン語講座シリーズが、以前よりも古代ローマの女性や非白人、奴隷の描き方などを歴史的事実に沿って刷新する方針をとっています[注3]。いろいろな生徒が同じ教室に集まってくるこれからの言語教育では、そうしたところにも気を遣う必要が

[注2] 'High School Grammar Lesson with JFK, Stalin, and Strippers?', CBS, 31 August 2015, https://www.cbsnews.com/news/high-school-grammar-lesson-with-jfk-stalin-strippers-texas-oxford-comma/, accessed 3 February 2023.

あるでしょう。

〈参考文献〉
■北村紗衣『お砂糖とスパイスと爆発的な何か—不真面目な批評家によるフェミニスト批評入門』、書誌侃侃房、2019。
■メアリ・ノリス『カンマの女王——「ニューヨーカー」校正係のここだけの話』、有好宏文訳、柏書房、2020。
■Cambridge School Classics Project, *Cambridge Latin Courses: Book I*, 5th ed., Cambridge University Press, 2022.

[注3] Sally Weale, 'UK School Latin Course Overhauled to Reflect Diversity of Roman World', *The Guardian*, 10 July 2022,
https://www.theguardian.com/education/2022/jul/10/uk-school-latin-course-overhauled-to-reflect-diversity-of-roman-world, accessed 3 February 2023.

エアクォートって何？
～『ユー・ピープル
～僕らはこんなに違うけど～』

異人種間結婚を扱ったロマンティックコメディ

　ケニヤ・バリス監督の映画『ユー・ピープル ～僕らはこんなに違うけど～』（*You People*, 2023年）は、異人種間結婚を扱ったロマンティックコメディです。異人種間結婚を扱った作品というと『招かれざる客』（*Guess Who's Coming to Dinner*, 1967年）が有名ですが、この映画では主演もつとめているジョナ・ヒルがバリスと共同で脚本を書いており、よくあるロマンティックコメディよりはだいぶ尖ったジョークが多い作品になっています。

　ユダヤ系のエズラ（ジョナ・ヒル）とアフリカ系ムスリムのアミーラ（ローレン・ロンドン）の恋が扱われており、白人と黒人、さらにそれぞれの中でもマイノリティの家庭同士の結婚にまつわるいざこざが描かれます。エズラの母シェリー（ジュリア・ルイス＝ドレイファス）と、アミーラの父アクバル（エディ・マーフィ）がいずれも自分の民族的アイデンティティに誇りを持っている相当クセの強い親で、主にこの2人のせいで、明らかにお似合いのカップルであるエズラとア

ミーラの恋路がうまくいかないというお話です。

すれ違う言葉のやりとり

　主人公のひとりであるエズラは金融業界で働いていますが、親友である黒人でレズビアンのモー（サム・ジェイ）と2人で運営しているポッドキャストで食べていきたいと思っています。エズラは冒頭で白人女性と初デートの最中、どういうポッドキャストをやっているのか聞かれて 'The culture.'（文化だよ）と答え、相手に 'What culture?'（何の文化？）と聞かれます。この質問にエズラは 'You know, the culture. Music, fashion, sports.'（いやー、文化だよ。音楽とかファッションとかスポーツとか）と答えます。

　この後の女性の答えが実にひどくてデートがぶち壊しになるのですが（どういう答えかは映画を実際に見てください）、こういうやりとりは、「英語英米文化学科」に所属して大学で教えつつ、英語を学ぶ時には文化的コンテクストも理解しないと……というようなコンセプトでこの本を書いている私にとっては身に覚えのあるやりとりです。教員としては、面談で「文化に興味があります」という学生に「どういう文化ですか？」と聞いて、あんまり具体的な答えが返ってこなくて困ってしまう……ということがあるので、しょっちゅうこの女性のような質問をしているわけですが、一方でたぶんこのやりとりはデートでは気まずいだろうな…とも思います。

アメリカ文化を織り込んだジョークや表現

　エズラが文化のポッドキャストをやっており、一方でアミーラはデザイナーということで、この映画には**アメリカ文化を織り込んだジョークや表現**がたくさん登場します。そもそもこのデートの場面でエズラはモーのことを自分の'homie'（ダチ）だと言っており、これはアフリカ系やラティンクスの人が主に使うヒップホップ文化に根ざした表現です。

　この大失敗したデートの次の場面では、自分の恋愛についてエズラがモーに相談し、2人がエズラの行動をカナダのラッパーであるドレイクのアルバムに細かくたとえるかなり長い会話があります。ユダヤ系のエズラも主に聴いているのはヒップホップなどであるようで、**アメリカにおける黒人文化の影響の大きさも分かる**内容になっています。さらにモーとエズラの会話からは、白人がそうした黒人文化をわりと無自覚に受容して自分のものにしてしまっていることも多少読み取れます。

エアクォートの使い方

　この映画でシェリーがよくやっている「**エアクォート**」もわりとアメリカ的な表現です。「エアクォート」というのは、**両手の人差し指と中指を曲げてダブルクォーテーションマーク、つまり"と"を作る仕草**です。両手でやるので、多くの場合は'**air quotes**'と複数形で表します。私はイギリスに留学してイギリス英語を習ったので、

ほとんどの文章ではイギリスで主に使われるシングルクォーテーションマーク、つまり‘と’を使っていますが、アメリカではふつうダブルクォーテーションマークを使用するので、**動作の「エアクォート」も指が左右それぞれ2本**になります。

これはアメリカ起源の動作・表現だと言われていますが、最近は出身国にかかわらず英語を使う時にこういう動作をする人を見かけます。日本で生まれ育った人からするとカニの真似でもしているみたいですが（実際、私が大学に入ったばかりの時に授業中にこの動作をしたアメリカ人の先生がおり、クラスメイトはなんでカニの真似をしているのだろうと思ったそうです）、**自分の発言をクォーテーションマークで囲っているということを示す**ための動作です。

この「エアクォート」を**一番見かけるのは学会などでの発表の時**で、引用を示す使い方です。私は自分が発表をする時にはこの動作はせずに引用のはじめに‘quote’（引用はじめ）、終わりに‘unquote’（引用終わり）と言うようにしていますが、そのかわりにこのエアクォート動作をしてもかまいません。

一方、引用以外ではこのエアクォートは**皮肉、留保、からかい、通常の意味と違う意味で言葉を使う時などに使用**します。

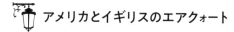 **アメリカとイギリスのエアクォート**

この映画の冒頭で、シェリーは家族でヨム・キプル（ユダヤ教の贖

罪の日）のためシナゴーグに出向き、そこでカジュアルな格好をしているエズラに対して、エアクォート動作をしながら 'I get it.'（分かってるけど）と言いつつ、いろいろエズラに文句をつけます。

それに対してエズラは 'First of all, can you please stop saying "I get it" and using air quotes?'（まず、「分かってるけど」って言いながらエアクォート使うのやめてくれる？）と尋ねます。これは「一応は分かってるんだけど…」という**留保の意味をちょっとイヤミっぽく示すためのエアクォート**でしょう。

シェリーはこの後も、エズラから初めてアミーラを紹介された時に、レズビアンであるエズラの妹ライザ（モリー・ゴードン）について、このエアクォートをやたらと使って話しています。娘がレズビアンであることは完全に受け入れているというような話をし、二回続けてエアクォートしながら 'Because that is our vibe.'（そうするのが私たちの流儀だから）、'That's how we roll.'（私たちはこうなの）と言います。

エアクォートにもほどがある

ここで使っているような言い方はいずれも少しくだけた冗談っぽい言い方なのでシェリーはエアクォートを使っているのだろうと思われますが、ライザに 'Is she doing the air quote thing again?'（また例のエアクォートやってるの？）と呆れられています。'the air quote thing' の最初の定冠詞 the は ROUTE 4-02 で扱った「例の」というような

ニュアンスで、シェリーがいつもする動作だという含みがあります。また、名詞を形容詞のように使う時は単数にするのがふつうなので、'the air quotes thing' ではなく 'the air quote thing' と表します。

　エズラもライザも母親がエアクォートするのをとても嫌がっていますが、この動作は学会発表で長い引用をする時などはともかく、日常生活で頻繁にやったり、場違いなところで使ったりするとウザがられます。1997年代に始まった『オースティン・パワーズ』シリーズでは悪役のドクター・イーブル（マイク・マイヤーズ）がやたらとエアクォート動作をしていますが、これはドクター・イーブルのなんとなく場違いな振る舞いを特徴付ける仕草として使われています（私が生まれて初めて見たエアクォートはドクター・イーブルによるものだったと思うのですが、最初はよく意味が分かりませんでした）。

　日本語の文章を書く時でも、やたらとなんでも「　」に入れるとウザい感じの文章になることがありますが、それと似たような感覚だと思います。日本語を使用する環境で育った人が第二言語の英語で話す時にエアクォートをするのは、発表などで引用をする時にとどめておいたほうがいいかもしれません。

寄り道コラム 2 大学の英語教育

文学や映画で「実用的な英語の運用能力」が獲得できる理由

なぜ英語の授業で文学を取り上げるのか？

コラム1では、なぜ大学で英文学を英語で学ぶ必要があるのか、という話をしました。このコラム2では、専門科目ではなく、**一般の英語の授業で文学作品を読む理由**は何なのか、という話をしようと思います。

このことについて私が時々感じるのは、大学教育に携わっていない方々は、あまり現在の大学や外国語の授業のことをご存じない、ということです。よく、「文学よりももっと実用的な英語を教えるべきだ」「資格試験に適応できるような英語を教えるべきだ」と言ってくる方々もいます。こういう方々が見逃している大きなポイントがいくつかあります。ここでは2つ挙げることにしましょう。

「実用的な英語」の中身は目的によって異なる

まず、「実用的な英語」を教えろと言ってくる方々のほとんどは、**何が実用的な英語なのか**についてのはっきりしたヴィジョンがありません。何をするにはどのくらいの運用能力が必要なのかといったことに関して、あまり明確な認識がないのです。

たとえば、英語でオンラインゲームをするのと、科学の論文を書くのと、ニュースを読むのと、通訳をするのとでは、それぞれに必要な運用能力が大きく違います。**科学論文を英語で読み書きできるのに、英語のスポーツニュースや芸能ニュースはほとんど読めない、映画やドラマのジョークが分からない**、という方もいたりします。科学論文の読み書きが仕事であれば、それができる運用能力があればOKです。一方、英語圏で暮らして、周囲の人と社交をしたり、広範な人脈を築いたり、地元の文化に根差した活動をしたりしたいのであれば、スポーツニュースや芸能ニュース、コメディのジョークがある程度理解できるくらいの英語の運用能力が必要でしょう。それには、背景となる文化を理解する必要があります。

文学的素養が「英語の運用能力」に必要なこともある

　海外の人と交流したり、海外で生活したりする時に必要になってくるのが、「非実用的」だとされることの多い**文芸やエンターテインメント**など、**文化的背景が絡んだ英語**を理解する能力です。

　たとえば、2012年のディズニーアニメ映画『シュガー・ラッシュ』(Wreck-It Ralph) のシーンで考えてみましょう。これはゲームの中の世界を主な舞台にした作品です。登場するゲームの一つ、「シュガー・ラッシュ」は、お菓子がコンセプトのレーシングゲームです。このゲームの世界の出口には、'Parting is Such Sweet Sorrow'（別れはなんと甘い悲しみ）という掲示があります。

　子ども向けのゲームに出てくるにしては大げさな表現だな……と思ったあなた、その勘は正しいです。これは、**シェイクスピアの『ロミオとジュ**

リエット』第2幕第2場185行目で、ジュリエットがロミオに言うセリフで、英語圏ではとてもよく知られています。

映画『シュガー・ラッシュ』の続編である2018年の『シュガー・ラッシュ：オンライン』（*Ralph Breaks the Internet*）では、ヒロインのヴァネロペが、親友のラルフと別れるときにその掲示を思い出し、'Farting is such sweet sorrow'、つまり「おならはなんと甘い悲しみ」と言うところがあります。'Parting' と音が似ている 'Farting' を引っ掛けた、ふざけたセリフなのですが、ヴァネロペは「別れ」という重い言葉を「おなら」に変えることで、悲しみをごまかしながら別れのあいさつをしているのです。

このように、子ども向けのディズニーアニメ映画にも、大事なところでシェイクスピアが出てきます。大本がシェイクスピアだとすぐには理解できなくても、普段から文学作品などの英語に触れることで、**「ん、この妙に大仰な表現は何だろう？」という勘が働く**ようになります。そうすれば、インターネット検索でさっと調べられるので、英語圏ではみんなが知っているような引用なのだと分かります。こういうところで、文学的な英語の知識が効いてくるのです。

つまらないものは教材に向かない

2つ目に挙げたいことは、いわゆる「実用的な英語」とされている**ビジネス英語や英語資格試験の教材は、ほとんどの場合、面白くない**ということです。

実用的な英語、資格試験の英語を教えろという方々は、学生のモチベーションを過大評価しているようです。たいていの学生は、この手の教科書

によく出てくるコピー機の修理やレストランの予約、契約書、商品への苦情などの会話や文章を面白いとは思いません。面白くなければ当然、勉強をする気は続きません。

ビジネス英語教材でも、BBC Learning Englishで2017年まで配信されていた'English at Work'など、ユーモア満載で、しかも普段の会話で使えそうな表現をたくさん盛り込んだ面白いものももちろんあります。しかし、このくらい楽しい教材はあまりない上に、レベルとしては大学1年生には難しい場合も多いのです。

内容が面白ければ、多少難しくても取り組む意欲が湧く

そこで、文学や映画、ドラマなどが教材として力を発揮します。私は英語のリーディングのクラスで、ROUTE 1-01でも取り上げた、マイケル・ボンド著『くまのパディントン』の英語教科書を使ったことがあります。そのような本なら、児童書とは言いつつ英語のレベルとしては多少難しいところがあっても、話が面白いので、最後まで頑張って**読み通すだけのモチベーションが続く**と期待できるからです。

先述のように、この物語では、通常の英語では'hand'（手）が使われるイディオムで、「クマ視点」の'paw'（［動物の］［前］足）が使われています。こうしたところに注意を促すことで、学生に**日常的な表現**を覚えてもらうこともできます。文才のある人が書いたものには、ちょっと難しくても、やはり読ませる力があります。

そして、気を付けたいのは、こういう「面白い教材でないと、やる気が

続かない」学生は結構いるということです。

文学や映画で学ぶのは英語力が付いてから、ではない

　自慢のようで恐縮ですが、私が武蔵大学や慶應義塾大学で教えている英語の戯曲を読むクラスは、誰も来ないような不人気クラスではなく、ほかのクラスと同じ程度には学生が集まります（選ぶ戯曲の種類によって増減はあり、『アマデウス』を取り上げた時はたまたまゲームの『Fate/Grand Order』にサリエーリがキャラクターとして登場していた後だったので急に人数が増えましたが…）。面白い話が読みたい学生にビジネス英語の教材をすすめても、やる気を減らすことにしかならず、大して英語力が上がらないことがあり得ます。

　外国語学習においてどういうアプローチが向いているかは、人によって大きく異なります。まだ運用能力が高くないから「実用的な」英語の簡単な教科書で、というのは、教育現場の実態に即した考えではありません。**英語で何か面白いことをしたい、楽しみたい、という学習動機を持つ学生には、文学や映画を与えた方が英語力は伸びます**。英語でジョークが分かったときの喜びは、何よりも学習のモチベーションになります。私が英語の授業で文学を扱うのは、まずは楽しい気持ちで英語に触れてほしいからです。

〈参考文献〉
■William Shakespeare『ロミオとジュリエット』大修館シェイクスピア双書、岩崎宗治編注、大修館書店、1994（初版1988）。

シェイクスピアの横道を
探訪する

『夏の夜の夢』から『ハムレット』まで

散策ルート5

世界中の喜怒哀楽に浸透した
シェイクスピアのセリフ

読み手が独自に解釈できる奥深さという魅力

　ROUTE 5では、私の専門であるウィリアム・シェイクスピア（William Shakespeare）を扱います。シェイクスピアの作品は英語圏の文化に深く浸透しており、ハリウッド映画から日常生活まであらゆるところでその影響力を感じ取ることができます。シェイクスピアがここまで広まった理由としては、本人の文才、運、国際政治などさまざまな要素があります。シェイクスピア劇は多様な解釈が可能で、世界中の人々がそのセリフを自らが生きる状況に引き付け、言い表しにくい感情を代弁してくれる言葉として使っています。この原稿を書いていた2020年8月29日、『ブラックパンサー』（*Black Panther*, 2018年）の主役を演じたハリウッドスター、チャドウィック・ボーズマンが大腸がんで亡くなりました。まだ43歳だったボーズマンの突然の死は大きな衝撃をもたらしました。たくさんの映画人がお悔やみのコメントを出しました。

　『ブラックパンサー』でボーズマン演じるティ・チャラの母ラモン

ダを演じたアンジェラ・バセットは、インスタグラムの投稿を 'Rest now, sweet prince.'（さあお休みなさい、優しい王子様）という言葉で締めくくりました[注1]。同じくボーズマンと一緒に仕事をしたことのあるヴァイオラ・デイヴィスも、ツイッターに 'Rest well prince... May flights of angels sing thee to thy heavenly rest.'（王子様、よくお休みなさい……天使たちの歌声とともに天の休息に向かわれますよう）というメッセージを出しました[注2]。

シェイクスピアのセリフに因んで

　この2人のお悔やみはウィリアム・シェイクスピアの『ハムレット』第5幕第2場361-362行目で、主人公ハムレットの親友ホレイショが王子の死を悼むセリフである 'Good night sweet prince; / And flights of angels sing thee to thy rest!'（お休みなさい、優しい王子様。／そして天使たちの歌声とともに休息に向かわれますよう！）に基づくものです。このセリフは非常に有名で、英語圏では慣用句のように流布しています。舞台で仕事をしたことがあり、シェイクスピア劇にも出演しているバセットやデイヴィスのような経験豊富な俳優であれば当然知っているはずです。『ブラックパンサー』は亡くなった父王の復讐を望む息子の物語で、『ハムレット』との共通点がしばしば指摘されています。ここでバセットやデイヴィスは演劇史上最も有名な王子ハムレットをボーズマンの当たり役ティ・チャラに重ね合わせ、王になるべきだった者の早過ぎる死を悼む忠実な友の役を演じるという、俳優らしいやり方で悲しみに対処し、故人の業績をたたえているのだと思われます。

[注1] Angela Bassett (im.angelabassett), Instagram post, 29 August 2020, https://www.instagram.com/p/CEdWTTlDysD/, accessed 16 April 2023.

[注2] Viola Davis (@violadavis), Tweet, 29 August 2020, https://twitter.com/violadavis/status/1299551549182574593, accessed 16 April 2023.

シェイクスピアは神出鬼没

　このようにシェイクスピアのセリフは英語圏の文化に浸透しており、思わぬところで出会うことがあります。シェイクスピアはウエストエンドやブロードウェイをはじめとする世界各地の劇場で現在まで上演されている現役の人気劇作家です。マーベル・シネマティック・ユニバースやディズニーアニメ、かつてイギリスに支配されていたインドの大作映画『バーフバリ』二部作（*Baahubali*, 2015-17年）などにもその影響がみられます。

　シェイクスピアが活躍していた1600年前後のロンドンでは極めて演劇が盛んで、シェイクスピア以外にも多数の人気劇作家がいました。シェイクスピアはその中でも特に幸運でした。文才があったばかりではなく、スター俳優を抱えた人気劇団の座付き作家という比較的安定した職に就いて、事故や疫病などで夭折することもなく長く仕事を続けることができたのです。

　活動当時は人気作家の一人で、18世紀ごろになるとイギリス国内でナショナリズムの高まりとともにシェイクスピアブームが起き、国民的作家と考えられるようになりました。さらにその後、イギリスが帝国として覇権を握り、英語が教育を通して世界中に広がるに至って、世界で最も人気のある劇作家の一人となりました。才能、運、国際政治というさまざまな要素がうまく働いたおかげで、シェイクスピア劇は世界文学になったのです。

代弁者としてのシェイクスピア

　シェイクスピア劇が広まった経緯について、イギリスの帝国主義や英語中心主義が絡んでいることを批判することはもちろんできますし、やる必要があるでしょう。しかしながらシェイクスピア劇の特徴はその多様さにあり、そのため世界各地の人々による再解釈が可能で、新しい読み方に基づく上演が絶えず行われてきました。シェイクスピア劇は倫理的な立場があまりはっきりしない作品も多く、人生のさまざまな側面を幅広く扱っていて、登場人物も複雑なため、読む人が自らの生きる状況に引き付けて解釈することができます。シェイクスピアを受容した世界中の人々が今もそうしてシェイクスピアを楽しんでいます。

　ボーズマンが亡くなったときにバセットやデイヴィスが行ったように、シェイクスピア劇のセリフは世界中の人々が喜怒哀楽を表現したいときに、その言い表しにくい感情を代弁してくれる言葉として日常生活で引用されてきました。これからもシェイクスピアはそうやって使われ続けるでしょう。

〈参考文献〉
■William Shakespeare『ハムレット』大修館シェイクスピア双書、高橋康也、河合祥一郎 編注、大修館書店、2001（『ハムレット』からの引用はこの版によります）。

シェイクスピア英語入門！
「代名詞のthou」と
「リズムの弱強五歩格」を知ろう

シェイクスピア劇入門には「代名詞」と「リズム」

　ここでは、シェイクスピアの文法的に難しい文章を取り上げるというよりは、皆さんがシェイクスピアを英語で読もうというとき、楽しむために気を付けていただきたいポイントを2つ、書いてみたいと思います。それは、**代名詞とリズム**です。

シェイクスピアのセリフは相撲のラジオ中継

　シェイクスピアについて私がよく聞かれることとして、「なんであんなにセリフが多いのか？」というのがあります。これは、17世紀初めごろまでのロンドンの舞台では、現代の劇場のような手の込んだ場面転換やセットの設営ができなかったことと関係があります。その事情のため、**観客に劇中の様子を想像してもらうには、ほとんど全てをセリフで語らなければなりません**でした。

　また、当時の劇場はかなり大きく、一説によると、ぎゅうぎゅう

詰めなら3000人近い観客を収容できたという推定さえあるほどです（それだけ演劇の公演は盛況でした）。そのような劇場では、今みたいに高性能なオペラグラスがあるわけではありませんから、舞台の様子があまりよく見えなかったということも十分あり得ます。その場合に大事なのは、しっかりしたセリフです。

　私はよく学生に、「シェイクスピアの芝居は相撲のラジオ中継だと思って見てください」と言います。相撲のラジオ中継は、テレビ中継と違って視覚に頼れないので、詳しく技のかけ方などを説明します。シェイクスピアの時代の芝居のセリフも、ラジオ中継のような工夫がなされているのです。

シェイクスピアは現代英語の知識で読める

　シェイクスピアが使っていた英語は、**Early Modern English**、日本語で「**初期近代英語**」とか「**近世英語**」と言われるものです。基本的に私たちが今使っているModern English（近代英語）につながっています。たとえば、『ロミオとジュリエット』（*Romeo and Juliet*）で、ジュリエットが愛する相手の素性を初めて知ったときに言う大事なセリフを見てみましょう。

My only love sprung from my only hate!
私の唯一の恋人が、唯一の憎しみから生まれたなんて！

※『ロミオとジュリエット』1.5.138

'spring' の過去形として 'sprung' が使われていることにさえ気付けば、何の注釈がなくても、現代英語の知識で分かります。'spring' の過去形は 'sprang' というつづりの方が多用されるので、'sprung' は過去分詞だと思ってしまうかもしれませんが、'sprung' も過去形として今でも使います。

シェイクスピアは、その前のジェフリー・チョーサー（Geoffrey Chaucer、主著『カンタベリー物語』［*The Canterbury Tales*]）などが使っていた Middle English（中英語）に比べると、文法などについて特別に勉強しなければいけないことは、格段に少ないのです。**現代の英語がきちんと読めれば、すぐにでもシェイクスピアに取り組めます**（私は「近世英語」の文法などを授業で習ったことはありません）。

ジュリエットがロミオに使う二人称はthou

そうは言っても、原文に立ち向かう前にいくつか覚えておいた方が良さそうなことがあるのは間違いありません。一番問題なのは、二人称代名詞がyouの系列以外にもう一つあることです。現在の英語では、二人称代名詞は単数も複数も youですが、近世のイングランドには**thou という二人称単数の代名詞**がありました。これは /ðau/（ザウ）のように発音します。

フランス語やスペイン語、ドイツ語などを学んだ方はご存じでしょうが、ヨーロッパのいくつかの言語では、二人称の単数と複数が別々にあります。二人称複数の代名詞はより丁寧とされていて、初

対面の人に対しては、相手が1人でも二人称複数の形で話し掛けることがあります。英語も、昔はそのような形でthouとyouの使い分けがありました。

O Romeo, Romeo! Wherefore art thou Romeo?
ああロミオ、ロミオ！なんであなたはロミオなの？

※『ロミオとジュリエット』2.2.33

これは、『ロミオとジュリエット』のジュリエットの有名なセリフです。ここでジュリエットがthouを使っているのは、一度会っただけのロミオにすでに強い親愛の情を感じているからです。なお、**art は be動詞の変化した形で、ここでの wherefore は今の why と大体同じ**です。

thouは代名詞なので、目的格や所有格があります。

二人称代名詞	主格	目的格	所有格	〜のもの
複数あるいは丁寧な単数	you	you	your	yours
単数（親しい間柄で使用）	thou	thee	thy	thine

このthouは現代英語ではほぼ使われませんが、イングランドの方言ではまだ使用しているところもあります。例えば、リーズ出身のロックバンド、カイザー・チーフス（Kaiser Chiefs）による2004年の大ヒット曲 "I Predict A Riot" [注] には、'I tell thee' という歌詞があり

ます。このほか、近世の英語では、二人称複数として you の代わりに ye を使うこともありました。

O Romeo Romeo! Wherefore art thou Romeo?

[注] 'Kaiser Chiefs - I Predict A Riot (Official Video)' Kaiser Chiefs, YouTube, 6 October 2009, https://youtu.be/hamKl-su8PE, accessed 16 April 2023.

現代の英語では、主語が三人称単数のheやsheやitの場合、現在形の動詞では最後に(e)sが付きます。thouも同じように、後に来る動詞が変化し、現在形や過去形の最後に(e)stが付きます。つまり、動詞がdoならthou dost、didならthou didstとなります。be動詞については、thouでは現在形がart、過去形はwastやwertになります（厳密に言うとちょっとこの2つの使い方には違いもあったりするのですが、難しくなりすぎるのでとりあえずここでは置いておきましょう）。三人称単数については、動詞に(e)sが付くのではなく、(e)thが付くことがあります。she hathみたいな表現が出てきた場合、she hasと考えればOKです。

🏮 thouとyouの使い分けで登場人物の気持ちが分かる

　文中にthouが出てきたらyouに読み替えて考えればいいのですが、たまにyouとthouの使い分けが重要なポイントになることがあります。シェイクスピア作品では、途中までyouで呼び掛けていた相手に対して、話者が急にthouを使い始めることがあるのです。これは今風に言うと、ある時点から話者が「**タメ口**」**になった**ことを示します。

　例えば、『ジュリアス・シーザー』（*Julius Caesar*）では、第1幕第3場の72行目で、それまでキャスカに対してyouで話していたキャシアスがtheeを使い始めます。キャシアスはシーザーに対する陰謀にキャスカを誘おうとしているので、ここで人称代名詞がなれなれしいものに変わることは、キャシアスがおそらく本気を出してキャスカ

を引き込もうとしていることを示しています。

▢ 「ブランク・ヴァース」「弱強五歩格」とは?

　もう一つ、重要なのがリズムです。シェイクスピアのセリフの大部分は、「**ブランク・ヴァース**」（無韻詩）と呼ばれる、リズムのある詩で書かれています。そして、シェイクスピア劇の大半は、「**弱強五歩格**」という**韻律**による詩で書かれています。これは基本的に**弱い音節＋強い音節の組み合わせが5回出てきて1行**となるもので、つまり1行10音節から成っています。

　たとえば、『リチャード三世』（*Richard III*）の最も有名なセリフを見てみましょう。

A horse! a horse! my kingdom for a horse!
馬をくれ、王国をやる。

※『リチャード三世』5.4.7

　これは10音節1行の韻文で、次のように大文字で書いた音節を強く読みます。

a HORSE! a HORSE! my KINGdom FOR a HORSE!

　極めてざっくり言うと、現代で言うところのラップみたいな感じ

でリズミカルに書かれていると思ってください。シェイクスピアのセリフは、たまに目的語が動詞の前に来るなど、語順が普通の英語の文法と違っていて読み取りづらいところがあるのですが、それは**リズムを弱強五歩格に合わせるため**です。現代のラップでも、普通ではやらないような読み方をして無理やりライムする（rhyme、韻を踏む）テクニックがあります。しっかりしたリズムのある文章を作るためには、詩人は結構、自由に言葉をいじってよいのです。

シェイクスピア劇の弱強五歩格のセリフは、どこを強調すれば一番、効果的な話し方になるかを考えて組み立てられています。英語を話す際、どこに力点を置けばいいのかがあまり分からなくて、うまく意図を伝えられないという学習者がいます。でも、弱強五歩格をひたすら練習すると、どこを強く言えば相手に通じそうかというのが、なんとなく分かってくることがあります（私はそうでした）。

リズムの乱れは心の乱れ

一方、シェイクスピアの韻文のセリフでリズムがしっかりした弱強五歩格になっていない行は要注意です。例えば、『ハムレット』（*Hamlet*）の一番有名な次のセリフは、11音節あります。

To be, or not to be — that is the question[.]
生きるべきか、死ぬべきか、それが問題だ ［。］

※『ハムレット』3.1.56

破格な文なので、**役者ごとに読み方がちょっとずつ違っている**ことがあり、かなり間を取って読んだり、普通なら強調しないところを強く読むセリフ回しをしたりする人もいます。

　この行のリズムが乱れているのは、おそらくハムレットの思考がざわついているからです。 私は、シェイクスピアを読む際に、「リズムの乱れは心の乱れ」というのを標語のように学生に教えています。リズムからもハムレットが悩んでいることが分かるのです。

シェイクスピア劇に触れたい方におすすめ

　シェイクスピアを英語で読む際の基本的なコツを少しだけ紹介しました。実際に原文を読みたい方には、大修館から出ている日本語の注釈付きの教科書エディション「大修館シェイクスピア双書」がおすすめです。日本語訳としては、白水Uブックスの小田島雄志訳、ちくま文庫の松岡和子訳、角川文庫の河合祥一郎訳などが手に入りやすいと思います。

　また、実際に舞台を見に行ってから読んだ方がずっと分かりやすくなると思います。戯曲は建物の設計図と似たようなもので、上演のための設計図です。設計図から頭の中で建物を組み立てられる人はそう多くありません。一度、舞台や映画を見てから戯曲に向かった方が、たぶん楽しみやすいと思います。

英語でセリフを聞いてみたいなら、イギリスのグローブ座（Shakespeare's Globe）やロイヤル・シェイクスピア・カンパニー（Royal Shakespeare Company, RSC）などが出しているシェイクスピア公演の英語字幕付き DVD を見るのもおすすめです。リズムのあるセリフ回しが楽しめます。

〈参考文献〉
※シェイクスピア劇からの引用は全て大修館書店版に拠ります。
■William Shakespeare『ジュリアス・シーザー』大修館シェイクスピア双書、大場建治編注、大修館書店、1989。
■William Shakespeare『ハムレット』大修館シェイクスピア双書、高橋康也、河合祥一郎 編注、大修館書店、2001。
■William Shakespeare『リチャード三世』大修館シェイクスピア双書、山田昭広編注、大修館書店、2002（初版1987）。
■William Shakespeare『ロミオとジュリエット』大修館シェイクスピア双書、岩崎宗治編注、大修館書店、1994（初版1988）。
■ Terttu Nevalainen, *An Introduction to Early Modern English*, Edinburgh University Press, 2008 (first published in 2006).

'you can't tell me nothing'は
肯定？　否定？　シェイクスピアにも
チョーサーの詩にもヒット曲にも
登場する「ダブルネガティヴ」

シェイクスピアが若者への愛をダブルネガティヴで詠む

　ここでは「**ダブルネガティヴ**」、**つまり1文に2回**（以上）、**否定語が出てくる文**を取り上げます。まずは、シェイクスピアの「ソネット19番」を見ていきましょう。

　ソネットは14行の短い詩です。シェイクスピアのソネット集というのは、緩いつながりを持ってまとめられている154の短詩を集めたものです。2020年には、イギリスの俳優でシェイクスピア劇や『スター・トレック』シリーズで有名なパトリック・スチュワートが、新型コロナウイルス感染予防で外出できなくなったファンのために、このソネット集を1日1つずつ朗読する動画[注1]をTwitterに投稿したことも話題になりました。

　「ソネット19番」は次のとおりで、ここで注目してほしいのは太字にしている9、10行目です。

[注1] Patrick Stewart（@SirPatStew）, Tweet, 8 April 2020,
　　　https://twitter.com/SirPatStew/status/1247663137006006278, accessed 16 April 2023.

> Devouring Time, blunt thou the lion's paws,
>
> And make the earth devour her own sweet brood;
>
> Pluck the keen teeth from the fierce tiger's jaws,
>
> And burn the long-lived phoenix in her blood;
>
> Make glad and sorry seasons as thou fleet'st,
>
> And do whate'er thou wilt, swift-footed time,
>
> To the wide world and all her fading sweets;
>
> But I forbid thee one most heinous crime:
>
> **O, carve not with thy hours my love's fair brow,**
>
> **Nor draw no lines there with thine antique pen;**
>
> Him in thy course untainted do allow
>
> For beauty's pattern to succeeding men.
>
> > Yet, do thy worst, old Time: despite thy wrong,
> >
> > My love shall in my verse ever live young.

シェイクスピアのソネットは、1番から126番までは、**通称「麗しの若者」と呼ばれている美青年に向けて書かれている**と考えられています。19番では、語り手の詩人が「時」に対して、愛する人の美貌に老いをもたらさないでくれと要求しています。

9、10行目に出てくる 'thy' や 'thine' は（ROUTE 5-02参照）、1、6行目にあるTime、つまり「時」を指します。ソネット集では、この「時」は擬人化されており、若さや美、健康を奪っていく、一種の死神として描かれています。'my love' は「僕のいとしい人」で、ここではソネットの呼び掛けの相手であり、詩人が愛している麗しの若

者を指します。'antique pen' は「古めかしいペン」ということで、年を取ると増えてくる額のしわを、時が絵を描いているのに例えています。

　あれっと思うのが、**'Nor draw no lines'** です。1文に Nor と no が出てきているので、「線ナシで描かないようにするな」、つまり「線を描け」ってことなのかな？と思ってしまうかもしれません。しかし、これは実は**否定の強調**で、「絶対に線を描くな」という趣旨になります。訳してみましたので、英文と併せて意味を確認しましょう。

O, carve not with thy hours my love's fair brow,
Nor draw no lines there with thine antique pen;

ああ、僕のいとしい人の美しい額に時を刻むのなんて駄目だ
おまえの古めかしいペンで、そこに線なんか描くんじゃないぞ

ダブルネガティヴは「二重否定」ではない？

　1文に2回も否定語が出てくるこうした表現は、double negative（ダブルネガティヴ）と呼ばれています。日本語では「二重否定」と訳されることも多いのですが、「二重否定」というと、漢文の授業で習う、否定が2つ重なって強い肯定になるものを想像しやすいので、ここでは便宜的に「ダブルネガティヴ」と呼ぶことにします。

　英語でも、'I never eat anything without washing my hands.'（私は

手を洗わずに何か食べるなんてことは絶対しません)、つまり「私は何か食べるときは必ず手を洗います」というように、**否定が2つで強い肯定になるものはあります**。しかし、**notやnor、no**などが一緒に使われる場合、多くは**否定の強調**になります。

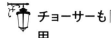 チョーサーも「否定の強調」としてのダブルネガティヴを多用

否定の強調としてのダブルネガティヴは、**今の英語では標準的ではないもの、方言**とされています。でも、**昔の英語にはよく登場し**、特にリズムを整えながら強調するために詩人が好んで使いました。

シェイクスピアもダブルネガティヴが大好きです。また、14世紀に中英語で書いた詩人ジェフリー・チョーサー（Geoffrey Chaucer）は、1文に3、4回も否定語が出てくる文を平気で作りました。例えば、こんな文が頻出します。

> Ther nas no man nowher so vertuous.
> *The Canterbury Tales*, General Prologue, 251

中英語なので難しいのですが、一度声に出して読んでみると、多少分かりやすいかと思います。'Ther' は 'There'、'nas' は 'ne was' の短縮で 'was not' と同じ意味、'nowher' は 'nowhere' です。'vertuous' は 'virtuous' で、ここでは現代英語の「徳高い」よりもむしろ「力強い」に近い意味でしょう。

現代英語に「直訳」すると、'There was not no man nowhere so virtuous.' となります。nas、no、nowher が否定語ですが、これは否定の強調になり、「あんなに強い男はどこにもいなかった」という意味になります。現代語で書くと、'There was not any man anywhere so virtuous.' のような言い方が普通です。この文はダブルネガティヴが目立つ文として有名で、文法書の『アメリカン・ヘリテージ』からウィキペディア[注2]まで、ダブルネガティヴの解説に頻繁に登場します。

カニエ・ウェストなどアメリカのヒット曲に登場

私は初めてチョーサーのこの詩句を見たときに、「ラッパーのカニエ・ウェストみたいだな」と思いました。それも無理はない…というか、現在、ダブルネガティヴを耳にする機会としては、**アメリカの黒人英語か、イギリスの労働者階級の英語**が多いかと思います。標準的な英語からは外れてしまったダブルネガティヴですが、上記のような英語では強調表現として根強く残っています。今でもポピュラーミュージックでは、チョーサーやシェイクスピアばりのダブルネガティヴが使われているのです。

マーヴィン・ゲイ＆タミー・テレルの **'Ain't No Mountain High Enough'**(1967) や、カニエ・ウェスト（別名イェ）の **'Can't Tell Me Nothing'**(2007) は、タイトルからしてダブルネガティヴです。この2曲は両方とも、タイトルで主語が省略されています。歌詞を聞くと、'Ain't No Mountain High Enough' では次の文が出てきます。

[注2] *The American Heritage Guide to Contemporary Usage and Style*, Houghton Mifflin, 2005, p.148.
'Double negative', Wikipedia,
https://en.wikipedia.org/w/index.php?title=Double_negative&oldid=1138069317,
accessed 16 April 2023.

> There ain't no mountain high enough ... to keep me from getting
> to you
> あなたのところに行き着くのを阻むくらい高い山なんてない

　'ain't' は、be動詞 + not の短縮形の一種です。ain't と no が一緒に使われていますね。

　'Can't Tell Me Nothing' の歌詞は、シンプルにこうなっています。

> you can't tell me nothing
> おれには何も言えないだろ

　can't と nothing が一緒に使われています。文脈からすると、こうした日本語訳になるでしょう。

🏮 イギリスではローリング・ストーンズやピンク・フロイド

　イギリスのくだけた英語に出てくるダブルネガティヴとしては、ローリング・ストーンズの '(I Can't Get No) Satisfaction' (1965年) と、ピンク・フロイドの 'Another Brick in the Wall, Part Two' (1979) があります。前者は「ぜんっぜん満足できねえよ」くらいの意味で、ダブルネガティヴはフラストレーションがたまっている感情を表していると考えられます。後者は最初にとても有名な 'We don't need no education' (教育なんか要らないよ) という歌詞があり、これはイギ

リスの労働者階級の英語を使って硬直的な教育を批判していると考えられます。

ドラマでダブルネガティヴの歌詞がネタに

ピンク・フロイドのこの歌は社会風刺を含んだ内容で、わざとダブルネガティヴを使っているのですが、これをネタにしたテレビドラマがあります。イギリスで放送されていたシットコム『ハイっ、こちらIT課！』（The IT Crowd, 2006-2013年）の第1シーズン第4話のオープニングで、主人公の一人であるロイ（クリス・オダウド）がこの、'♪ We don't need no education ♪' という歌詞を口ずさむと、同僚であるモス（リチャード・アイオアディ）が、'Yes, you do. You've just used a double negative.' と言います。

'Yes, you do.' は 'Yes, you do need education.' ということです。このセリフは「いや、教育が要るよ。今ダブルネガティヴ使ったとこでしょ」という意味になります。これはつまり、ダブルネガティヴが標準英語ではなく、**教養がある人は使わないということをネタにしたジョーク**です。

「非標準」というより「生きた英語表現」

この項では、チョーサーから最近のドラマまでいろいろな例を紹介しました。覚えておいていただきたいのは、ダブルネガティヴは標準的な英語ではないと言われていますが、実は**古い歴史があるも**

ので、さらに**最近でも結構よく使われていて、歌などにも出てくる**、ということです。なんだかんだでちょっと複雑な表現なので、自分で使ってみるのは特におすすめしませんが、出くわしたときに理解できるよう覚えておく必要はあると思います。

　そして、こういう英語は標準英語ではないから、などと言ってばかにしないことが重要です。その点、『ハイっ、こちらIT課！』のモスのような態度はお手本にせず（モスはまったく空気を読まないキャラクターという設定なので、そういうところが面白いわけですが）、こういう表現は**生きた英語だと思ってしっかり理解する**ようにしましょう。

〈参考文献〉
※シェイクスピア及びチョーサーの日本語訳はすべて既訳を参考にした拙訳です。
■ジェフリー・チョーサー『カンタベリ物語』全3巻、西脇順三郎訳、ちくま文庫、1987。
■ウィリアム・シェイクスピア『ソネット集』高松雄一訳、岩波文庫、1997（初版1986）。
■ *The American Heritage Guide to Contemporary Usage and Style*, Houghton Mifflin, 2005.
■William Shakespeare, *Complete Sonnets and Poems*, ed. Colin Burrow, Oxford University Press, 2002.
■William Shakespeare, *Shakespeare's Sonnets*, ed. Barbara A. Mowat and Paul Werstine, The Folger Shakespeare Library, 2006.
■William Shakespeare, *Shakespeare's Sonnets*, The Arden Shakespeare Third Series, ed. Katherine Duncan-Jones, Bloomsbury, 2019（first published in 1997、シェイクスピアのソネットからの引用はすべてこれによる）.
■Geoffrey Chaucer, *The Canterbury Tales*, ed. Ichikawa Sanki, 研究社, 1935.
■Geoffrey Chaucer, *The Riverside Chaucer*, gen. ed. Larry D. Benson, Oxford University Press, 2008（チョーサーからの引用はすべてこれによる）.

'I met Helena whom I love.'の間違いは?
英語上級者にも難しい英文法
〜『夏の夜の夢』

魔法で混乱する恋愛模様からのセリフ

　今回の記事では、高校などでは必ず習うはずなのに、なぜか忘れてしまっている**関係詞の用法**について解説したいと思います。まずはこちらのウィリアム・シェイクスピアによる戯曲『夏の夜の夢』（*A Midsummer Night's Dream*）からの引用をご覧ください。

In Hermia's love I yield you up my part;

And yours of Helena to me bequeath,

Whom I do love and will do till my death.

※『夏の夜の夢』3.2.165-167

　『夏の夜の夢』は、2組の恋人たちがアテネ近郊の森で妖精たちの魔法にかかり、右往左往する様子を描いたロマンチックコメディです。このセリフは、もともとはアテネの貴族の娘ハーミアに恋していて森に駆け落ちしたライサンダーが、妖精の魔法のせいでハーミ

アの友人であるヘレナに心を移し、恋敵のディミートリアスに対して口にするものです。ディミートリアスは、かつてはハーミアの愛をライサンダーと争っていましたが、今では同じく魔法のせいでヘレナを追い掛け回しています。

韻文により通常とは異なる語順に

韻文で書かれているため、通常とは語順が異なっているところがあるのですが、最初の 'In Hermia's love' は行の最後に持っていって、'my part in Hermia's love' というつながりで考えましょう。2行目の 'yours of Helena' は 'your part in the love of Helena' のように考えるとよいでしょう（大修館のテクストを持っている人は注釈も読むのをオススメします）。動詞は 'bequeath' で命令形になっており、目的語が 'yours of Helena' です。現代語らしい語順で書くと、'bequeath your part in the love of Helena to me' となります。最後の行の 'Whom' は 'Helena' に係っており、'will do till my death' は前に出てきた動詞 'love' を受けて 'will love till my death' ということになります。

訳してみると、次のようになります。

ハーミアの愛に対する僕の取り分はそっちに譲るよ、
それでヘレナに対するそっちの取り分を僕に譲ってくれ、
僕はヘレナを愛しているし、死ぬまでそうするつもりだ。

関係詞の制限用法と非制限用法

　これでとりあえずセリフの意味は分かったわけですが、注目していただきたいのは、**2行目の最後にコンマがある**ことです。コンマの位置が通常の現代英語とちょっと違いますが、この 'And yours of Helena to me bequeath, / Whom I do love,' では絶対に 'bequeath,' にコンマが必要です。

　というのも、**目的格の関係代名詞である 'Whom' は、前の文の 'Helena' に係っており、非制限用法**だからです。固有名詞を先行詞として関係代名詞や関係副詞が係る場合、コンマを付けて非制限用法にしなければなりません。舞台上のセリフとして聞くのであればコンマがあってもなくても変わらないのですが、文章で書くときはコンマが要るわけです。

　関係代名詞の非制限用法というのは、関係詞節が「関係詞によって修飾される名詞を特定するのに不可欠ではない情報を含んでいる」（Hope, p. 191、拙訳）場合に用いられます。つまり、**関係詞節の内容が前の名詞を特定する働きをすれば制限用法、特定する働きをしないのであれば非制限用法**です。おそらく高校などでは、**先行詞の後にコンマが入るのが非制限用法**だと習ったかと思います。コンマがない場合、関係詞には先行詞を限定する働きがありますが、コンマがあると限定しません。制限用法の場合は、関係詞節に入っている部分を名詞の前から係るように訳す方がいい場合が多いのですが、**非制限用法の場合、コンマの前まで訳した後、関係詞節はその後に**

付け足すようにして訳す方が適切な訳し方になるのが普通です。

娘は3人かそれより多いか?

この説明だけだとよく分からないと思うので、次に例を示します。

Judy has three daughters who are teachers.　※制限用法
ジュディには教員をしている娘が3人いる。

Judy has three daughters, who are teachers.　※非制限用法
ジュディには娘が3人いて、その娘たちは教員をしている。

この2つの文は、口頭では同じ発音になるのであまり意味の違いが分かりませんが、書くときは**コンマの有無で意味が異なります**。1つ目の制限用法の文では限定が働くので、ジュディには**教員をしている娘が3人いる**一方、ほかにも**教員ではない娘がいる可能性**があります。2つ目の非制限用法の文では、**娘が3人いてほかにはおらず、全員教員**だという含みがあります。

固有名詞に関係詞が係る場合はほぼ必ず非制限用法にする必要があります。'Yesterday, I met Helena whom I love.'（昨日、私は自分が愛しているヘレナに会った）みたいに制限用法にしてしまうと、自分が愛しているヘレナ以外にも同名の別人で自分が愛してはいないヘレナがいるみたいな変な感じになってしまうからです。そのため、次のように非制限用法にするのが普通です。

> Yesterday, I met Helena, whom I love.
> 昨日、私はヘレナに会ったが、ヘレナとは私が愛している相手だ。

日英ともにネイティヴスピーカーも要注意！

　日本語では分かりにくいのですが、例えば「本日、日本最大規模の河口湖マラソンが行われました」という文を考えてみましょう。この文はおそらく河口湖マラソンは日本最大規模のマラソンであるということを言いたいのだと思いますが、このような限定の仕方だと、河口湖マラソンが国内にいくつも存在していたり、過去に河口湖マラソンが何度か行われていたりする事実があり、多数の河口湖マラソンの中で今日行われたものが日本最大規模である、というような印象を与えかねません。**日本語でも書き方によっては妙な限定が働く**ことがあるので、書く際には気を付ける必要があります。

　関係代名詞の制限用法と非制限用法は、ネイティヴスピーカーでも文章を書き慣れていない人はよく間違います。ウィキペディア英語版などを見ると、**固有名詞に関係詞が係っているのにコンマがない文**などがたまに見つかります。発音上はコンマがあってもなくても変わらないため、うっかり忘れる人が多いようです。

　私の教員としての経験からすると、レベルが高く成績の良い英語学習者であっても、大学1年生の時点で関係詞を非制限用法できち

んと使える人はほとんどいません。制限用法と非制限用法の区別は
文章を書くときには大事になってくるので、必ず覚えておくように
しましょう。

〈参考文献〉
※シェイクスピア劇からの引用は全て大修館書店版に拠ります。日本語訳はす
べて拙訳ですが、訳書がある場合はここにリストした訳書を参考にしています。
■William Shakespeare『夏の夜の夢』石井正之助編注、大修館、1987。
■ウィリアム・シェイクスピア『夏の夜の夢』小田島雄志訳、白水社、1983（再
版多数）。
■ウィリアム・シェイクスピア『夏の夜の夢・間違いの喜劇』松岡和子訳、筑
摩書房、1997。
■ウィリアム・シェイクスピア『新訳 夏の夜の夢』河合祥一郎訳、角川書店、
2013。
■Jonathan Hope, *Shakespeare's Grammar*, Arden Shakespeare, 2003.

シェイクスピアもマーロウも。
人気劇作家御用達の
倒置の仮定法

シェイクスピア同時代人劇作家、マーロウによる悲劇

Were he a stranger, not allied to me,
The danger of his soul would make me mourn.
(Christopher Marlowe, *Dr Faustus*, B-text, 1.2.32-33)

あの人がもし私と親しくない他人であったとしても、
その魂が危険に陥れば私は嘆くだろう。

　引用したのは、シェイクスピアの同時代人である著名な劇作家クリストファー・マーロウの悲劇で、1580年代末から1590年代初頭くらいに書かれたと思われる『フォースタス博士』の一節です。『フォースタス博士』は、ヴィッテンベルク大学の研究者であるフォースタスがさらなる知を求めて悪魔と契約し、24年間魔法を好き放題に使った末、地獄に堕ちるという内容で、壮麗な韻文で書かれた悲劇です。

「悪魔との契約」の物語に基づくマーロウの『フォースタス博士』

　マーロウの『フォースタス博士』はゲーテが19世紀初めに執筆した『ファウスト』と同じくドイツのファウスト伝説に取材したものですが、このファウスト伝説は学者や芸術家が才能のために悪魔に魂を売るという「悪魔との契約」モチーフに基づく物語としては最も有名なお話でしょう。現代風に言うと、学術的探求のために研究倫理違反をしてしまった学者のお話……というと真面目で面白くなさそうだと思うかもしれません。しかしながらユーモアありホラーあり、またフォースタスと悪魔の使いメフィストフィリスのいささか暑苦しいとも言えるような男性同士の関係はちょっとBL風味でもあって、今でもよく上演される作品です。

　上で引用した2行には、**ifがなく、主語であるheとbe動詞を倒置にすることで条件節を作るという仮定法が使われています**。この仮定法は高校で習うはずなので、なんとなく見覚えがあるという人も多いと思います。仮定法なので、be動詞は 'were' が使われています。帰結節は 'The danger of his soul' が主語で、助動詞wouldが使われています。この文章をifを使った仮定法に書き換えてみると、以下のようになります。

If he were a stranger, not allied to me,
The danger of his soul would make me mourn.

なぜ倒置の仮定法を使うのか？

さて、ここで質問です。『フォースタス博士』のこの一節は、なぜ 'If he were ...' というような if を使った節ではなく、倒置の条件節を採用しているのでしょうか？　実は明確な理由があります。これまでシェイクスピア劇についてお話ししてきたことをもとに考えてみてください。

　正解は、**この文を if が入った条件節で書くと、1行の音節が11音節になってしまい、弱強五歩格の1行10音節の定型におさまらなくなってしまうからです。**『フォースタス博士』はシェイクスピア劇同様、弱強五歩格を中心とする韻文で書かれています。それぞれの文の音節を数えてみましょう。

　1　**2**　3　**4**　5　　**6**　7　8　9　**10**
Were **he** a stran**ger**, **not** al**lied** to **me**,

　1　2　　3　　4　　5　6　　7　8　9　10　11
If he were a stranger, not allied to me,

---

if を使って描くと11音節になってしまいますが、if なしで書くと10音節ですみます。ここで**倒置が使われているのはおそらくリズムの問題**です。

　この頃のお芝居では倒置を使った if なし条件節がかなりたくさん

見られますが、大体は10音節にしてリズムを整えるための工夫だと思われます。同じ『フォースタス博士』で、フォースタスは 'Had I as many souls as there be stars, / I'd give them all for Mephistopheles.' (1.3.100–101)「星の数ほど魂があるとしても、/ 全部メフィストフィリスにくれてやるだろう」と悪魔に魂を売る決意を明確にしています。これも1行を10音節に整えるために if なしの倒置の仮定法が使われています。同等比較の as many ... as や、現代の英語ではあまり見かけない仮定法の意味の be 動詞の原形も組み合わされているので、先ほどの文章に比べるとちょっと読みにくいかもしれません。それでも基本的に高校で習う文法が分かっていればなんとか理解できる文です。

シェイクスピアも使っていたifなし仮定法

　この種のリズムを合わせるための if なし仮定法はシェイクスピアにも見られます。『リア王』にある、ちょっと難しい文章を見てみましょう。これは身分を隠し、目の見えない父グロスターを見守っていた息子エドガーによるセリフです。父が絶壁だと信じたところ（実はエドガーの策略で絶壁ではないところに連れて行かれていましたが）から投身自殺を試みて、落ちた場所でそのまま倒れているのを見たエドガーは、父が思いこみのせいで死んでしまったのではと心配してこう言います。

> And yet I know not how conceit may rob
> The treasury of life, when life itself
> Yields to the theft. Had he been where he thought,

By this had thought been past.
※『リア王』4.6.42–45

でも、命そのものが盗みに屈する時、
思いこみがどのように命という宝を奪いとるか
ということは私にはわからない。もし思ったとおりのところに
いたとしたら
今頃までには何かを思うどころではない状態になっているだろ
う。

　最初の文は 'know not' を 'do not know' と解釈し、他動詞knowの
目的語をhowの節だと考えます。howで始まる名詞節の主語は
'conceit' です。次の 'Had he been where he thought' はだいぶ省略が
あってちょっと難しく、現代英語でifや関係副詞whereの先行詞、
thoughtの後の部分を全て補って書くとすると、'If he had been in the
place where he thought he was' のような意味になります。次の 'By
this' は 'By this time' のように解釈し、仮定の帰結節の主語は
'thought' で、動詞の 'had' と倒置が起きています。'had thought been
past' は 'thought would have been past'、つまり死亡して「考えるこ
となどできなくなっているだろう」というような意味です。シェイ
クスピアは仮定法の帰結節で助動詞を使わないこともあるので、現
代英語なら 'would have been' になっているようなところが 'had been'
になっています。

　この文はだいぶ省略があって読みづらいですが、リズムは全て1

行10音節になっており、省略は韻律を整えるためであるらしいことが分かります。

現代の散文にも頻出する倒置の仮定法

　近世イングランドの詩人たちは韻律を整えるためにこの倒置の仮定法を活用していましたが、韻律が関係ない現代の散文でもこの倒置を用いて仮定を表現する文は頻出します。たとえば、2022年10月6日にミッチェル・S・ジョンソンが『エスクァイア』ウェブ版に出した、カニエ・ウェストの最近の奇矯な振る舞いを批判する記事 'Yo, Ye: You Are a Racist by Proxy'（やあカニエ、あなたは代理レイシストだよ）には、'Were he a white man, I'd call him a white supremacist.' という文が出てきます[注]。このheはカニエ・ウェストのことなので、「カニエ・ウェストが白人男性だったら、私はカニエを白人至上主義者と呼んでいるだろう」という意味です（この本にすでに2回も出てきていることから分かるように、私はカニエ・ウェストの音楽を昔から聴いているのですが、最近奇行が多いと思っています）。

　マーロウやシェイクスピアの時代から使われている倒置の仮定法は現代英語でも脈々と生きています。高校で習った時には「こんな表現、どこで使うんだろう？」と思ったかもしれませんが、シェイクスピアから現代英語まで頻出するとあらば覚えておくほかありません。この種の仮定法については、条件節の見かけが一見したところ疑問文とそっくりになるので、長くて複雑な文章になると疑問文と勘違いしてしまう人もいるのですが、そこはクエスチョンマーク

[注] Mitchell S. Jackson, 'Yo, Ye: You Are a Racist by Proxy', *Esquire*, 6 October 2022, https://www.esquire.com/style/a41535098/kanye-west-white-lives-matter-racist/, accessed 12 February 2023.

の有無や、帰結にあたる節があるかで見分けることにしましょう。

〈参考文献〉
■William Shakespeare『リア王』大修館シェイクスピア双書、ピーター・ミルワード編注、大修館書店、2008（初版1987、『リア王』からの引用はこの版に拠る）。
■Christopher Marlowe, *Doctor Faustus and Other Plays*, ed. David Bevington and Eric Rasmussen, Oxford University Press, 2008. (first published in 1998.『フォースタス博士』からの引用はこの版に拠る)

PLAZA

路地裏から広場へ

英語の長文問題はどう作るの?
～英語作問の世界と文化❶

ベールに包まれた大学入試問題

　大学入試でどういうふうに問題が作られているのかは、謎に包まれています。入試に関することは極秘で、終了までは一切、口外してはいけません。また、作問や採点に携わる教職員は多いのですが、入試が終わった後も大学関係者以外にはあまり詳しい内容を話さないかと思います。

　ある程度は仕方がないことですが、過度に秘密主義的になると、受験生やその指導にあたる高校の先生は何を大学が評価しているのかをあまり理解しないまま受験に臨むことになり、大学が求めていることと受験生がアピールしたいことの間でミスマッチが起こってしまいます。私は大学のほうでも、差し支えない程度の情報公開はしたほうがよいと思っています。

日本の大学における事情

　入試の作問や採点については大学ごとにやり方が異なり、一般化はできません。ひとつ言えるのは、入試にかかわる仕事は作問から会場準備、試験監督、採点までどれも機密性が高い上に負担が大きく、とくに教員にとっては全く専門外の苦手な仕事を割り振られることも多いため、誰もやりたがらないということです。

　入試のやり方は国によって大きく違いますが、海外の大学では入

試専門の担当者がおり、それ以外の教員はほぼかかわらないという
ところもあります。おそらく日本の大学教員は、世界的に見ても入
試業務という専門外の負担をたくさん課されていると思います。

　どうも、入試とは大学にとって神聖な業務であり、教職員もそう
思っているに決まっている……という思いこみがあるようです。大
学教員が入試業務を嫌がっていると聞くと、驚く人が結構います。
しかしながら、教員に入試業務をやらせているのは、大学側が入試
を神聖だとは思っていないことのあらわれです。教員のほとんどは
入試の研究をしたことがなく、全くの専門外です。つまり、日本の
大学は入試業務というのは誰でも片手間でできる専門性のない雑務
だと思っているからこそ、教員にやらせているわけです。もしも入
試を神聖視しているのであれば、専門性を重視し、専用のポストを
用意して、入試に関する深い知識のある人を雇うはずです。

専門性と実務のあいだ

　私は、上述したように入試というのは専門性を要求する重要な業
務なので、雑多な教員にローテーションで担当させるのではなく、
常勤ポストを作って専門家に運営してもらうべきだと思っています。
英語学や英語教育の研究者の中には、英語の中等教育や入試などに
ついて研究している人がいます。そういう知識を持つ人がかかわる
のは有益でしょう。一方で、シェイクスピア研究者で日本の中等教
育についてほぼ知識がない私が入試業務にかかわったとしても、仕
事の質はたかが知れています。

　それでも英語の教員であれば、作問業務は必ず何年かに1回はま
わってきます。専門性がないなりに、教員はどういう学生を迎えた

いか考えて入試問題を作ります。また、作問はマニュアルに従わなければならない試験監督のような業務とは異なり、少しは独創性が発揮できる仕事でもあるので、入試問題として質の良い、面白いものを作りたいという気持ちは多くの教員が持っているでしょう。

面白い入試問題

　これは私が働いている武蔵大学特有の文化かもしれないのですが、入試は教育の一部だと考えられています。英語の入試を作る際、少なくとも私の勤務校で重視されるのは、できるだけ受験者に面白い文章を読ませて、合否は別としても学力向上に何らかの形で貢献しないといけない……ということです。共通テストの国語で実用文を出題すべきかどうかがさまざまな議論を呼んだことがありましたが、すでに述べたように、実用文は面白くないものになりがちです。もっと読み物風の文章のほうが、作問するほうも受験するほうも楽しめるでしょう。

　一般化はできませんが、私の職場では、入ってくる学生に対して、文化的な文章を読んである程度楽しめる学力を求めています。入試問題を楽しめるほどの余裕がある受験者はほぼいないでしょうが、英語長文問題は、これから大学でどういうトピックを学ぶのかを受験者に予期させるものが望ましいと考えられます。私がこれまで作問に関わった経験では、どういう長文を出題するか決める際、文章が興味深いかどうかは作問会議でよく論点になっていました。

入試として出題しやすい英文とは?

　ではそういう長文はどうやって用意するのか……?　ということ

ですが、選択肢としては、既存の英文を持ってきて問題を作るか、オリジナルの長文を作問者が書くか、というふたつがあります。長文をゼロから書くなんて手間がかかりすぎるのでは……？　と思う人もいるかもしれませんが、実はこちらのほうが楽なことがあります。というのも、既存の英文を持ってくると、著作権の関係で高校生のレベルにあわせて改変することがほとんどできないので（ライセンスによってはたまに改変が自由にできる英文もありますが）、問題が作りにくいのです。さらには著作権料を支払わないといけないこともあり、コストがかかります。

　一方、オリジナルの英語長文ならこのあたりの問題はクリアできます。難易度調整で単語や構文を簡単にすることもできます。高校生に読んでほしいトピックを選んで作文することもできます。さらに、慣れてくると「出題しやすい文章」を書くことも可能です。「出題しやすい文章」って何だ……？　と思う人もいるかもしれませんが、パラグラフライティングがかっちりしている文章は論理を追いやすく、またパラグラフごとに内容確認の問題を作れるので、出題しやすい文章だと言えます。ひとつのパラグラフにひとつのことしか書かれておらず、トピックセンテンス→分析→まとめからなるパラグラフがいくつか集まって、大きなひとつのテーマについて説明している文章は意味をつかみやすいですし、「このパラグラフは何の話をしていますか？」みたいな問題を作って受験者の理解度を確認することが可能です。英語の入試問題を作る際、オリジナルの長文を使うことにはこういう利点があります。

　一方、やたらと改行が多くてパラグラフがあまりはっきりしないような文章だと、問題は作りにくくなります。「英語の広場2」（p.

215）と「英語の広場3」（p. 230）では、私が武蔵大学の入試のために作った英語長文とその問題を実際に見て（もちろん大学の許可をもらって掲載しています）、大学教員は受験者にどういう力を身につけて大学に入ってほしいと思っているのかを少し解説したいと思います。

入試でTikTok？
～英語作問の世界と文化❷

平等性を期すために

　2021年は新型コロナウイルス感染症の打撃がまだまだ大きかった年です。大学に入ってくる学生には時事的なことがらに関心を持ってほしいという気持ちがあるので、出題する文章も新型コロナウイルス感染症に関係するものが多くなりました。私もこのトピックで長文を何か書こうかと思ったのですが、その時にテーマとして選んだのが、TikTokでロックダウン中に流行っていた‘ShantyTok’「シャンティトク」なるトレンドでした。

　私が入試用の長文を書く際に個人的に気をつけていることとして、日本の高校生にはあまり馴染みのなさそうな話題を選ぶということがあります。受験者が事前に持っている知識で入試の結果が左右されては困ります。全く読み慣れないことが書かれた文章に全員が平等な立場で臨むほうがよいでしょう。

　一方で全然、親近感が持てないようなトピックでも困るので、若者向けSNSであるTikTokと、そこで英語圏の若者たちが行っている音楽活動をテーマにしました。そこでできたのが、以下の文章と問題です。ほかの作問チームの先生方のコメントや修正にいろいろ助けられてかなりブラッシュアップされてはいるのですが、基本的には文章と問題を作ったのは私です。

次の文を読み、問に答えなさい。

In December 2020, Nathan Evans, a young Scottish postal worker living near Glasgow, filmed himself singing a 19th-century sea shanty — or song — called 'Wellerman'. He uploaded the video to TikTok, a popular video-sharing social networking service platform. No one expected that it would be the beginning of the 'ShantyTok' trend, ⌐ 1 ⌐ the boom in traditional sea shanties on TikTok.

Evans's short video became very popular. Many viewers praised his interpretation of the song, and famous stars and musicians also commented on it. Evans quit his job as a postal worker, became a professional musician, and released 'Wellerman' as a successful single. TikTok viewers regarded 'Wellerman' as a 'sea shanty', a type of folk song created by people working on the sea. ⌐ 3 ⌐, 'Wellerman' is not a typical sea shanty; a sea shanty is sung by a group of sailors with (4)a call and response to raise the crew's spirits during collaborative tasks, but 'Wellerman' does not include call-and-response lyrics. 'Wellerman', however, stimulated TikTok users' interest in sea shanties, and many videos about traditional sea shanties were posted and shared after it became a hit.

'Wellerman' is a traditional song from New Zealand, and its subject matter is whaling. It describes the crew members of a whaling ship anxiously awaiting for the Wellerman, people working for the Weller brothers' company. In the 19th century, whaling ships often took long voyages, and the Weller brothers' ships supplied food and drinks to sailors working on the sea around New Zealand. According to the lyrics, the crew hopes that the Wellerman will bring them 'sugar and tea and rum*'. The melody is slightly sad, while also filled with expectations of happiness. Sugar, tea, and rum are not only items for consumption, but they also symbolise sweetness, rest, and a festive mood, which were essential and priceless in the hard lives of sailors.

(7) Why did 'Wellerman' and other sea shanties become so popular? John Archer, an expert ⬚8 New Zealand folk songs, compared the lives of 19th-century whaling workers with the experience of young people during the COVID-19 lockdowns. The COVID-19 worldwide pandemic forced people to withdraw from society physically, and energetic, outgoing, and fun-loving young people suffered as a result of the lockdowns. They felt separated from the outside world, unable to enjoy other people's ⬚9 . In 'Wellerman', young sea workers also feel lonely and isolated from society or the land during the long sea voyage, but are also cheerfully waiting for something good to come in the future. 'Wellerman' provided young people with an outlet to express their frustration.

Who could have predicted that this relatively unknown 150-year-old sea shanty would become a hit among young TikTok users during the COVID-19 lockdowns? It is no doubt due to the power of art, the power of music. Good works of art give people a channel through which they can get in touch with their deepest feelings. ⬚10 how old they are, or how small they seem, these shanties could be a source of power to cope with our everyday troubles. (11)<u>After all, sugar and tea and rum do not lose their flavour and still taste sweet in our mouths.</u>

＊rum　糖蜜などから作る蒸留酒の一種で、水兵や船乗りに好まれていた。

〈参考文献〉

Elle Hunt, "The True Story behind the Viral TikTok Sea Shanty Hit," *The Guardian.* 15 January 2021,

https://www.theguardian.com/world/2021/jan/15/shantytok-how-a-19th-century-seafaring-epic-inspired-a-covid-generation

問1 空所 1 に入れるべき最も適切な語を①〜④の中から1つ選びなさい。

① above ② or ③ outside ④ worth

問2 第1段落 (In December 2020, ... shanties on TikTok.) の内容と一致するものを①〜④の中から1つ選びなさい。 2

① Nathan Evans, a professional musician, filmed a music video at a post office.

② Nathan Evans composed a new song about the sea to upload it to TikTok.

③ Nathan Evans made an audio file of a popular Scottish song and shared it among his friends.

④ Nathan Evans was working for a post office when he created the music video.

問3 空所 3 に入れるべき最も適切な語句を①〜④の中から1つ選びなさい。

① For the time being

② In any way

③ So far as circumstances permit

④ Strictly speaking

問4　下線部 (4) a call and response の言い換えとして最も適切な説明を①〜④の中から1つ選びなさい。　4

① a particular form of human-computer interaction in which a human user communicates directly with a computer through a touchscreen

② a particular form of human communication between multiple speakers or singers in which one speaker or singer says something and the others reply

③ a particular form of human interaction through social networking platforms in which a user uploads their own work so that others can freely share it

④ a particular form of machine-assisted communication in which a user can leave a message on a phone or via e-mail for others to check anytime

問5　第2段落 (Evans's short video ... became a hit.) の内容と一致するものを①〜④の中から1つ選びなさい。　5

① Evans's interpretation of the song was not well received by professional musicians.

② Many people believed that 'Wellerman' was a standard sea shanty, although it turned out that it wasn't.

③ Most TikTok users were already familiar with sea shanties and were aware of the definition of the term.

④ 'Wellerman' was never commercially released as a single.

問6　第3段落（'Wellerman' is a ... lives of sailors.）の内容と一致するもの
　　　を①〜④の中から1つ選びなさい。　6

① 'Wellerman' expresses the sailors' anger and frustration toward
　 people working for the Weller brothers' company.

② 'Wellerman' is thoroughly sad and depressing.

③ 'Wellerman' is a difficult song which requires special singing skills.

④ 'Wellerman' reflects the difficulty of life experienced by 19th-
　 century sailors.

問7　下線部(7) Why did 'Wellerman' and other sea shanties become
　　　so popular? の答えとして最も適切なものを①〜④の中から1
　　　つ選びなさい。　7

① Because New Zealand had a tradition of folk songs rich enough to
　 delight people around the world.

② Because TikTok users had too much free time during the lockdown
　 and tried making music.

③ Because 'Wellerman' is regarded as one of the most famous and
　 complex sea shanties.

④ Because young people felt that 'Wellerman' expressed their feelings.

問8　空所 8 に入れるべき最も適切な語を①〜④の中から1つ選びなさい。

① as　② along　③ in　④ through

問9　空所 9 に入れるべき最も適切な語を①〜④の中から1つ選びなさい。

① accuracy　② company　③ distance　④ indifference

問10　空所 10 に入れるべき最も適切な語句を①〜④の中から1つ選びなさい。

① As long as　② For what it is worth　③ No matter　④ Only if

問11　下線部（11）After all, sugar and tea and rum do not lose their flavour and still taste sweet in our mouths. が文中で意味している内容の説明として最も適切なものを①～④の中から1つ選びなさい。 11

① Consuming traditional food and drinks is an important part of our culture.

② Musical pieces must be soft and sweet in order to be passed down to later generations.

③ Taste preferences have changed with the times, but sweet food has always been popular among hardworking people.

④ 'Wellerman' still appeals to people although it is an old song.

問12　本文の内容について、一致するものを①～④の中から1つ選びなさい。 12

① Enjoying art could be a good way to deal with negative emotions.

② Making a successful music video is a stressful but satisfying experience.

③ The long lockdown raised people's interest in the sea.

④ TikTok users had a gathering to perform sea shanties after the lockdown.

　2020年12月、グラスゴーの近くに住むスコットランド人の若い郵便局員であるネイサン・エヴァンズは、「ウェラーマン」という題名の19世紀のシー・シャンティ、あるいはシー・ソング（海の歌）を自らが歌っているところを撮影した。その動画を人気のある動画共有SNSプラットフォームであるTikTokにアップロードした。これが「シャンティトク」トレンド、つまりTikTokでの伝統的なシー・シャンティのブームの始まりとなるとは誰も予測していなかった。

　エヴァンズの短い動画は大きな人気を博した。多数の視聴者がエヴァンズの歌いぶりを褒め、有名なスターや音楽家もこれにコメントした。エヴァンズは郵便局員の仕事を辞め、プロの音楽家になり、「ウェラーマン」をシングルとして出して成功させた。TikTokの視聴者は「ウェラーマン」を、海で働く人々が作ったフォークソングの一種である「シー・シャンティ」だと考えた。厳密に言うと、「ウェラーマン」は典型的なシー・シャンティではない。シー・シャンティは協力して一緒に仕事をする際に乗組員の士気を上げるべく、船員の集団が掛け合いの形式で歌うが、「ウェラーマン」は掛け合い形式の歌詞を含んでいない。しかしながら「ウェラーマン」はTikTokユーザのシー・シャンティに対する関心をかき立てることになり、この曲がヒットした後で伝統的なシー・シャンティに関する動画がたくさん投稿され、共有された。

　「ウェラーマン」はニュージーランドの伝統的な歌であり、主題は捕鯨だ。この歌は、ウェラー兄弟の会社で働く人々であるウェラーマンをじりじりと待っている捕鯨船乗組員を描いている。19世紀には、捕鯨船はしばしば長い船旅をしており、ウェラー兄弟の船はニュージーランド近海で働く船員たちに食べ物や飲み物を提供していた。歌詞によると、乗組員はウェラーマンが「砂糖やお茶やラム酒」を持ってきてくれることを望んでいる。メロディは少し悲しげだが、一方で幸せへの期待にも満ちている。砂糖、お茶、ラム酒は消費するためのアイテムであるだけではなく、甘美さ、休息、祝祭的雰囲気

の象徴でもあり、そうしたものは船員の厳しい生活にとっては欠かせない、とても貴重なものだった。

　なぜ「ウェラーマン」その他のシー・シャンティはこんなに人気が出たのだろうか？　ニュージーランドのフォークソングの専門家であるジョン・アーチャーは、19世紀の捕鯨労働者の暮らしを新型コロナウイルス感染症ロックダウンの時期の若者の経験と比較した。世界的な新型コロナウイルス感染症の流行により、人々は物理的に社会から引きこもることとなり、ロックダウンの結果としてエネルギッシュで外交的で楽しいことが大好きな若者たちは苦しむこととなった。こうした若者たちはほかの人々との交友を楽しむことができず、外の世界から切り離されたように感じていた。「ウェラーマン」では、海の若い労働者たちも長い船旅の間に社会や陸地から切り離されて寂しく感じていたが、将来良いことが起きるのを明るく待ってもいた。「ウェラーマン」のおかげで若者たちは自らの苛立ちを表現するはけ口を見つけられたのだ。

　こんなあまりよく知られていない150年も前のシー・シャンティが、新型コロナウイルス感染症ロックダウンの間に若いTikTokユーザの間でヒットするなどということを誰が予測できただろうか？これはきっと芸術の力、音楽の力のおかげだ。良い芸術作品により、人はそこから自分の最奥にある感情に触れられるようなチャンネルを得ることができる。どれだけ古かろうと、ちっぽけに見えようと、こうしたシャンティは我々が日常生活における困難に対処する力の源になり得るのだ。結局のところ、砂糖やお茶やラム酒は味わいを失っておらず、いまだに口の中で甘美に感じられるものである。

［解説］

文章を書く際のルール

パッと見て気付くと思いますが、どのパラグラフも3行以上ある まとまりでできています。大学教員が学生に大学で読み書きできる ようになってほしいのは、やたら改行が多いインターネット上のエ ントリみたいな文章ではなく（私が書いたものもネット媒体ではパラグラ フをバラバラにされてしまうことが多いのですが）、こういうある程度まと まりを意識して書かれた文章です。

パラグラフが5つあり、全てについて内容を問う問題がついてい ます。問2、問5、問6は直接パラグラフの内容について聞く問題で、 問7と問11はパラグラフの一部に下線を引いて、周囲の文章の内容 を理解した上で答える問題です。パラグラフごとに内容を理解して 読む力が大学で求められているのです。

入試用の文章に限らず、こういう文章を書く時に気をつけなけれ ばいけないこととして、'sea shanty'、'TikTok'、'ShantyTok' みたい な単語については、必ずそれが何だか説明する言葉をつけないとい けないということがあります。説明の重さは文章の内容に対するそ の言葉の位置づけに従って変えないといけません。

'sea shanty' はこの文章全体のテーマにかかわる大事な言葉なので、 1文目に出てきていますがここでは説明がなく、「ん、sea shanty って 何？」と読者に思わせたまま2つめのパラグラフに行き、ここでパ ラグラフの後半ほぼ全部を使ってきちんとした説明をしています。 一方で'TikTok' は同格、'ShantyTok' は空欄を挟んで簡単な説明が付 されているだけです。これは、ふたつともとりあえずどういうもの だかがざっと分かれば文章理解に問題は生じないと思われるからで

す。

必須となる難易度調整

　これは入試用の長文なので、受験者のレベルに合わせて難易度を調整しないといけません。たとえば最後のパラグラフの最初の文にある 'this relatively unknown 150-year-old sea shanty' の 'unknown' は、最初は似たような意味の 'obscure' にしようと思ったのですが、高校生はこういう 'obscure' は分からないかもしれないと思ったので、ほかの先生とも検討して 'unknown' になりました。

　問4の 'a call and response' については、この文章で説明されている情報だけを使って答えるには高校生には難しすぎるのではないかというコメントがほかの先生から出たので、選択肢を簡単にすることで対処しました（これは選択肢を読んで答えることが文章自体の理解の助けになると思います）。

　また、歌詞に出てくる 'rum' も、飲酒ができない高校生にはまず分からないと思ったのですが、引用なので変えられません。このため、下にこれがお酒の一種だということを説明する注をつけることにしました。ラム酒は保存性が高く海で働く人たちに好まれていたお酒で、この「ウェラーマン」にラム酒が登場する背景にはそういう歴史があります。

　最後の下線部である問11はこの注を読んで考えたほうが答えやすい問題です。この長文は、第4パラグラフまでは出来事やその背景を淡々と説明する文章なのですが、最終パラグラフはいきなりエモーショナルな感じになり、反語で始まって比喩的な文で終わる、レトリックの点でも手が込んだ文章になっています。このパラグラフ

からは、作問者（つまり私）が、学生に大学ではこういう芸術の力、文化の力について真面目に考えられる人になってほしいと望んでいることがバレバレですね。問11は格好つけた感じの文に下線が引かれていて答えにくいかもしれませんが、ここまでのパラグラフをきちんと読んで、最終パラグラフのエモーショナルさに気付けば答えられるかと思います。

［答え］

問1　②　言い換えを示す or が正解。

問2　④　①は郵便局でビデオを撮影したわけではないので不適、②は自分で作曲したわけではないので不適、③はスコットランドの歌を歌ったわけではないので不適、④は本文の情報に適合しているので正解。

問3　④　文脈からして「厳密に言うと」なので④が正解。

問4　②　a call and response の内容として正しいのは②。
①は人間とコンピュータのインタラクションではないので不適、③はSNSの話で関係ないので不適、④も機械を使ってメッセージを残すということで関係ないため不適。

問5　②　高評価だったので①は不適、②は「ウェラーマン」は典型的なシー・シャンティだと考えられているが実は違うという本文の内容に適合しているので正解、③はもともとTikTokユーザがシー・シャンティに詳しかったということは本文にないので不適、④は「ウェラーマン」がシングルとして出なかったという本文に反する内容が書かれているので不適。

問6　④　①は怒りに関する言及が本文にないので不適、②は本文に「ウェラーマン」の明るい側面に関する言及もあるので不適、③は本文に書かれていないことなので不適、④は本文の内容に添っているので正

解。

問7　④　①も②も③も本文に書かれていないが、④は「ウェラーマン」に若者が共感したことを述べているので正解。

問8　③　expertの後はinかonが普通。

問9　②　「同席」を意味するcompanyが正解。

問10　③　No matter + 疑問詞という形が正解。

問11　④　'still taste sweet in our mouths'とはいまだに人々に好かれているということの比喩。①も②も③も本文に無関係なことが書かれているが、④は「ウェラーマン」は古い曲だが人々の心に訴えかけるものがあるという本文の意味に添った内容ので正解。

問12　①　①は本文中で述べていることなので正解、②、③、④は本文の内容に関係ないので不適。

カルチャーとしてのスポーツ
〜英語作問の世界と文化❸

スポーツの見方も文化的背景次第

　私はスポーツがからっきしダメです。体育の授業がとても苦手で、運動が嫌いでした。先生の当たり外れでかなり成績が変動し、バレーボールの審判資格を持っていてルールの変更やその背景事情などをきちんと説明してくれる先生にあたった時はわりとやる気を出して臨めたのですが、ルールやテクニックの背景にある理屈を説明してくれない先生にあたった時は全くチンプンカンでとても苦痛でした。スポーツはとてもマッチョな文化を持っているように見えますし、けっこう嫌悪感を抱いていたと思います。

　一方で、イギリスに行き、研究のためにスポーツファンに関する論文を読んだりするようになってから、スポーツ観が少し変わりました。日本の中等教育までの体育にはスポーツが文化だという考え方がほぼないと思うのですが、イギリスでサッカーに関する報道を見たり、サッカーに関する博物館の展示を見たりしていると、スポーツというのはコミュニティを作る重要な文化であり伝統なのだということがよく分かります。スポーツが好きな人々はどういうところが好きなのか、なぜ贔屓（ひいき）のチームを応援しているのか、という文化的背景が分かってくると、スポーツをすることは苦手でも、スポーツそのものを嫌悪する気持ちはあまりなくなると思います。

サッカーをテーマにした入試問題

　たまたま私の英語の授業で、課題でサッカーとFIFA（国際サッカー連盟）の腐敗をテーマにしたいという学生がいたので、その時に私もサッカービジネスに関する本やニュースを読みました。また、私の連れ合いがイングランドの古豪サッカーチームであるエヴァートンFCの大ファンで、私が課題の指導に苦労しているのを見かねて、サッカーチームの不適切な経営に関してこの記事を読めとかこのYouTubeチャンネルを見ろなどとすすめてくれました。相変わらず身体運動としてのサッカーはあまり理解していませんが、ビジネスとしての運営については以前より知識が増えました。入試の長文問題ではトピックのバラエティが必要なこともあり、そこでサッカーをテーマにしようと思って、かなり苦労しながら作ったのが以下の問題です。

次の文を読み、問に答えなさい。

Bill Shankly, a Scottish football player and ex-manager of the Liverpool Football Club, once famously proclaimed, 'Somebody said, "Football is a matter of life or death to you!" and I said, "Listen, it's more important than that".' One could say this is a very British statement. Here, 'football' means 'soccer' – the word 'soccer' is a shortened form of 'association football' (which contains 'soc'), the formal name for soccer. In British English, 'football' means 'soccer', while in American English, 'football' generally means 'American football'. In British sports culture, football is more important than life or death. For passionate football fans in the United Kingdom, it is something worth risking everything ☐1☐.

In Europe, football is ☐3☐ business. The Premier League in England, the Bundesliga in Germany, La Liga in Spain, Serie A in Italy, and Ligue 1 in France are called the 'Big Five', and an enormous amount of money is poured into these (4) <u>prestigious</u> football leagues. When a top-level football player moves from one team to another in these popular leagues, the team trying to acquire the player has to pay a 'transfer fee', which could reach over 15 billion yen. (5) <u>Compared to the baseball business in the United States, which has tried to keep a democratic and fair atmosphere – at least on the surface – European football is a power game, a pitch of unapologetically bold money only thinly covered with grass.</u>

In European football, the team with money is most likely to win, although the amount of money spent does not always result in more goals. The market size of the Premier League, the top division of the English football league system, is projected to exceed 800 billion yen. The Premier League adopts the group tournament ranking system, and every time a match ends, a certain set of points are given to the winner. The team with the most points at the end of the season wins the league title. How much does it cost for a team to get one point in the Premier League? In 2017, *The Times*, a British newspaper, calculated how much money each Premier League team paid to the players in order to get one point. Tottenham Hotspur Football Club, a London football team, was the most cost-effective: they paid about 190 million yen per point. The least cost-effective team was Manchester United Football Club: it paid over 500 million yen per point. The cost of a point is surprisingly high in the Premier League. No 6 some British people think that football is more important than life itself.

Money matters, but cost-effective and coherent strategies are also important. Tottenham Hotspur finished the 2016–2017 season in second place, while Manchester United ranked sixth. When a team has money but no consistent vision about how to win a game, it cannot develop each player's skills; it can only pointlessly gather good players at a high price, without giving them the opportunity to utilise their abilities. Leicester City Football Club won the 2015–16 Premier League for the first time, and this achievement was called a 'miracle' because it was not as ostentatiously wealthy as ⬚8⬚ . For British football clubs with less money, subtle strategies to (9) <u>outwit</u> wealthy clubs are the key to better results.

〈参考文献〉

Martyn Ziegler, 'Revealed: Manchester United Offer Worst Value for Money in the League', *The Times*, 16 May 2017,

https://www.thetimes.co.uk/article/revealed-united-offer-worst-value-for-money-in-the-league-682tjwh5l

問1 空所 [1] に入れるべき最も適切な語を①〜④の中から1つ選びなさい。

① as ② for ③ in ④ of

問2 第1段落（Bill Shankly, a ... risking everything [1].）の内容と一致するものを①〜④の中から1つ選びなさい。[2]

① Bill Shankly was worried that soccer could be physically harmful for British people.

② Many British sports fans are passionate about American football.

③ In the United States of America, association football is called American football.

④ It is said that association football occupies an important role in British sports culture.

問3 空所 [3] に入れるべき最も適切な語を①〜④の中から1つ選びなさい。

① angry ② big ③ little ④ short

問4　下線部 (4) prestigious の言い換えとして最も適切な語を①〜④の中から1つ選びなさい。　4

① extensive　② dangerous　③ difficult　④ respected

問5　下線部 (5) Compared to the baseball business in the United States, which has tried to keep a democratic and fair atmosphere – at least on the surface – European football is a power game, a pitch of unapologetically bold money only thinly covered with grass の内容と一致するものを①〜④の中から1つ選びなさい。　5

① A football field should be covered with grass in a different way from a baseball field.

② European football fans prefer a more powerful playing style than American baseball fans.

③ It is a relatively well-known fact that the football business in Europe involves power and money.

④ The baseball business in the United States is reluctant to maintain fairness in sports.

問6　空所 6 に入れるべき最も適切な語を①〜④の中から1つ選びなさい。

① need　② telling　③ use　④ wonder

問7　第3段落 (In European football, ... than life itself.) の内容と一致するものを①〜④の中から1つ選びなさい。 7

① According to *The Times*, Manchester United Football Club is one of the most cost-effective teams.

② Football players risk their life to win important matches.

③ Each Premier League football team paid over 190 million yen to get a point in 2017.

④ Tottenham Hotspur Football Club paid the players too much money in 2017.

問8　空所 ⑧ には文中で既に登場している語句が入る。空所に入れるべき最も適切な語句を①〜④の中から1つ選びなさい。

① Bill Shankly

② Manchester United

③ The Times

④ Leicester City Football Club

問9　下線部 (9) outwit の言い換えとして最も適切な語を①〜④の中から1つ選びなさい。 9

① cleverly gain an advantage over

② freely contribute to

③ humorously make fun of

④ kindly encourage

問10　第4段落（Money matters, but ... to better results.）の内容と一致す
　　　るものを①～④の中から1つ選びなさい。 10

① A team can win the league title solely by gathering good players and
generously paying them.

② Leicester City Football Club is one of the richer clubs of the
Premier League.

③ The richest football team does not necessarily win the league title.

④ Wealthy football clubs rarely have consistent strategies to win a
game.

問11　本文の内容について、一致するものを①～④の中から1つ選
　　　びなさい。 11

① This article argues for the importance of fairness in football.

② This article analyses the powerful playing style of football in
Europe.

③ This article discusses how to solve investment problems
surrounding football.

④ This article explains how expensive the European football business
is.

スコットランドのサッカー選手でリヴァプールFCの元監督であるビル・シャンクリーがかつてこう宣言したのはよく知られている。「こんなことを言った人がいるんですよ、『サッカー（Football）はあなたにとって生死の問題なんですね！』って。だから私は言ったんです、『いいですか、サッカーはそれよりもっと重要ですよ』ってね」。これはとてもイギリス風な主張だと言えるだろう。ここでは‘football’は「サッカー」の意味だ。「サッカー」（soccer）という言葉はサッカーの正式な名前である「アソシエーションフットボール」（association football）の略称だ（この単語は、‘soc’という部分を含んでいる）。イギリス英語では‘football’が「サッカー」であり、一方でアメリカ英語では‘football’は一般的に「アメリカンフットボール」を指す。イギリスのスポーツ文化においては、サッカーは生死よりも重要なことだ。英国の情熱的なサッカーファンにとっては、サッカーは何もかも投げ打つにふさわしいものなのである。

ヨーロッパでは、サッカーは大規模なビジネスだ。イングランドのプレミアリーグ、ドイツのブンデスリーガ、スペインのラ・リーガ、イタリアのセリエA、フランスのリーグ・アンが「5大リーグ」と呼ばれており、こうした名門サッカーリーグには巨額のお金がつぎ込まれている。こうした人気リーグでは、トップレベルのサッカー選手があるチームからほかのチームに移籍する際、その選手を獲得しようとしているチームは「移籍金」というものを支払わねばならず、この額は150億円を超えることがある。アメリカ合衆国の野球ビジネスは、少なくとも表面上は民主的で公正な雰囲気を保とうとしているが、それに比べるとヨーロッパのサッカーはパワーゲームであり、ほんのうっすらと芝生で覆われただけで臆面も無く大胆に金が飛び交うピッチなのである。

ヨーロッパのサッカーでは、費やした金額が必ずしもより多くのゴールにつながるとは言えないものの、お金のあるチームが最も勝利には近いだろう。イングランドサッカーリーグシステムの1部リーグであるプレミアリーグの市

場規模は8000億円を超えると推定されている。プレミアリーグはリーグ戦に基づいてランキングを作るシステムをとっており、試合が終わるたびに特定の勝ち点が勝者に与えられる。最も勝ち点が多いチームがシーズンの終わりにリーグタイトルを手にする。プレミアリーグで勝ち点1を獲得するためにチームにかかる費用はどれくらいだろうか？　2017年にイギリスの新聞『タイムズ』が、プレミアリーグの各チームは勝ち点1を獲得するために、選手たちにどれくらいのお金を支払っているのか計算した。ロンドンのサッカーチームであるトッテナム・ホットスパーFCが一番コストパフォーマンスが良く、勝ち点1あたり1億9000万円ほど支払っていた。最もコストパフォーマンスが悪かったのはマンチェスター・ユナイテッドFCで、勝ち点1あたり5億円を超える額を支払っていた。プレミアリーグにおける勝ち点1あたりの費用は驚くほど高額である。サッカーが命そのものより大事だと考えるイギリス人がいるのも不思議ではない。

　お金は大事だが、コストパフォーマンスが良い一貫性のある戦略も重要だ。トッテナム・ホットスパーFCは2016-2017年のシーズンを2位で終えたが、マンチェスター・ユナイテッドは6位であった。チームにお金はあってもどうやってゲームに勝つかに関する一貫した戦略がない時は、それぞれの選手の技術を生かすことができない。能力を活用する機会を提供できずに、高い値段で無駄に良い選手を集めるばかりだ。レスター・シティFCは2015-2016のプレミアリーグシーズンで初めて1位になったが、マンチェスター・ユナイテッドほど明らかに裕福なチームではなかったため、この功績は「奇跡」とうたわれた。お金があまりないイギリスのサッカーチームにとって、裕福なチームを出し抜くための巧みな戦略はより良い成果を得るためにとても重要なのだ。

［解説］

英米で異なるサッカーの呼び方

　この文章のポイントとして、最初に 'football' という単語の意味を説明している点が挙げられます。アメリカでは football がアメリカンフットボール、イギリスではサッカー……というのは比較的知られていると思いますが、高校生だとよく分からなくてアメフトだと思ってしまう人がいるかもしれません。このため、まずビル・シャンクリーの発言のイギリスらしさを説明するという文脈で、アメリカ英語とイギリス英語の違いに触れます。

　この文章を作る際にちょっと困ったこととして、'points' に「勝ち点」という注をつけたほうがいいのか、要らないか、ということがありました。3つめのパラグラフに 'every time a match ends, a certain set of points are given to the winner. The team with the most points at the end of the season wins the league title.' という文章がありますが（これはかなりざっくりした説明で、正確に言うともうちょっと複雑です）、私がこの文章を書いていた時には作問チームにサッカーを見る先生がおらず、またアメリカ英語を使う先生が多かったこともあって、'points' ＝「勝ち点」という訳語が出てきた人がいませんでした。通常のゴールで得た得点と同じ点数が付与されると思った先生もいました。

　研究者でもサッカーを見ない人には分からないのですから、これはちょっと問題です。おそらく受験者のうち、サッカーを実際にやる人はこれが「勝ち点」だとたちどころにわかるでしょうが、そうでない受験者は「勝ち点」という訳語が出てこないでしょう。これについてはいろいろほかの先生方と相談した結果、「勝ち点」という

訳語が出てこなくても不利にならないような設問を作ることにし、注はつけないことになりました。

大学入試作問者の狙い

　この入試問題については、後で少々興味深いことがありました。受験生が集う受験BBSなる掲示板があるのですが、この長文が入試に出た後、サッカー好きらしい武蔵大学受験生たちが、知っている内容が出たと喜んでいたのです（マンチェスター・ユナイテッドがけなされていたのが面白かったようです）。掲示板で話題になるというのは文章がそこそこ面白かったということなので出題者としてはうれしいことですが、サッカーに詳しいか詳しくないかで取り組むやる気や難易度が変わってしまったとしたら、英語の入試問題としてはあまりよくありません。一方で自分はサッカー好きだが、サッカーを知らなくても解ける問題だったというような感想を書いている人もおり、これを読んで私は胸をなで下ろしました。狙った難易度はまさにそこだったからです。

　こういう入試問題を作った意図として、最初に述べたように、日本の学生は中等教育までの間にスポーツを文化として見なす視点を学ばない場合が多いが、スポーツはしっかりした文化なのだ……ということをほのめかしたかった、ということもあります。卒業論文や留学準備の指導を受ける時などに、部活でスポーツに打ち込んでいたが、何を勉強したいかは定まっていないという相談をしてくる学生は結構います。そういう学生に対して、野球やサッカーが好きならそれを文化として研究する道もあるんだよ、ということを早めに気付いてもらう必要があります。文化としてのスポーツは単純な

題材ではなく、種目ごとに独特の語彙や慣習があるのであまり簡単だとは言えませんが、自分の好きなスポーツについて多少でも英語の記事が読めるようになると、より一層楽しめると思います。

［答え］

問1　②　risk everything for ... で「for 以下のために何もかも投げ打つ」。

問2　④　①と②は文中で全く述べられておらず、③は文中で説明されているのとは異なる間違った情報で、④のみが文意にそっている。

問3　②　「大規模なビジネスである」という意味なので②が正解。

問4　④　prestigious は「威信のある」という意味であり、意味が似ている④が適切。

問5　③　アメリカの野球に比べてヨーロッパのサッカーは露骨にお金と権力で動く業界であるということを比喩的に述べているので、③を選ぶ。野球に関する 'at least on the surface'「少なくとも表面上は」とサッカーに関する 'only thinly covered with grass'「ほんのうっすらと芝生で覆われただけで」で、似たようなイメージの表現を使用している。

問6　④　「驚くようなことではない」という意味なので④を選ぶ。

問7　③　①と④は文中で述べられた事実と比べてほぼ逆の内容で間違っている。②は文中で述べられていない。③については、トッテナム・ホットスパー FC が最も支払い額が低くて1億9000万円くらいであるということが文中で述べられており、つまり全チームがそれ以上の額を払っているはずなので、正解となる。

問8　②　レスター・シティ FC を裕福なチームと比較している文なので、お金持ちのクラブであるマンチェスター・ユナイテッドが適切な答えとなる。

問9　①　「出し抜く」という意味なので①が正解。

問10　③　①と②は文中で述べられた事実に適合しない内容。④は文中で述べられていない内容である。文中で述べられている内容に適合する③が正解。

問11　④　①も②も③も文中で述べられていない。④はヨーロッパサッカーがお金のかかるビジネスだということを述べており、文の意味に適合するので正解。

　読者の皆様、路地裏の旅はいかがでしたでしょうか？　くねくねした道が多かったかと思います。最後まで到達して下さり、ありがとうございます。何かご自分の趣味にあう掘り出し物は見つかりましたでしょうか？　この本では、シェイクスピアなど大学の授業でよく取り上げられる文学作品はもちろん、最近の映画やドラマ、SNSの投稿、YouTubeまで英語解説のネタにしています。YouTubeで見られる広告のような短い無料コンテンツでもけっこう複雑な文脈があり、出てくる英語を理解するには文化的背景を押さえる必要があるんだな……ということがなんとなく分かっていただければ幸いです。一見したところではハードルが低い無料のコンテンツの英語のほうが、実はそれほど簡単ではなく、コンテクストを押さえないと楽しめないものであることも多いのです。

　そして、この本を読んで下さった皆様の中には、「この著者は何でも教材にしてしまうんだな」と呆れた方もいるかと思います。呆れて下さった方、どうもありがとうございます。この本で取り上げた様々な英語の小ネタは、私自身がふだん出会ったコンテンツの中で、「これは自分が納得して他人にきちんと説明できるレベルまで調べておきたいな」とか、「直感的には分かるんだけど、学生に論理的に説明するとしたらここはどう伝えればいいんだろう？」と思ったものを中心にしています。この本を書くことは自分が学習するためのプロセスでもありました。

おそらく、ある程度英語を運用できる能力があり、かつその力を維持している人というのは、日常的に摂取しているコンテンツを自分で勝手に「教材」にしているところがあるのではないかと思います。テレビドラマやニュースなどを見てよく分からないことがあったら辞書を引いたり、文法書にあたったりして、疑問点が解決するまで調べることを続けないと、けっこう英語ができる人でも英語力は落ちてしまいます。英語教員で英語ができなくなるわけにはいかない私は、こういうことを日常的にやっている顕著な例でしょうが、誰であろうと身につけた英語力を維持するにはたゆまぬ努力が必要です。路地裏の掘り出し物を貪欲に教材にすることが訓練になります。

　この本を最後まで読んでくださった皆様には、是非、ふだんからいろいろな英語のコンテンツに触れて、それを自分で勝手に教材にしていただければな……と思います。人から教えてもらうのを待つのではなく、ちょっとした表現についても積極的に「なんでこれはこうなるの？」「これを他人に説明するとしたらどう言えばいい？」と疑問を持ち、納得いくまで調べてみてください。それが英語力の向上や維持につながります。そして自分で教材を発見したあかつきには、ほかの人とシェアして楽しんでいただけると、勉強がより興味深いものになるのではないかと思います。皆様が勝手に教材を作ってシェアして下さるのを、楽しみにお待ちしております。

北村紗衣

おわりに　247

北村紗衣 （きたむら さえ）

武蔵大学人文学部英語英米文化学科教授。東京大学で学士号及び修士号を取得後、2013年にキングス・カレッジ・ロンドンにて博士課程を修了。専門はシェイクスピア、フェミニスト批評、舞台芸術史。ウィキペディアンとしても活動している。著書に『シェイクスピア劇を楽しんだ女性たち——近世の観劇と読書』（白水社、2018）、『お砂糖とスパイスと爆発的な何か——不真面目な批評家によるフェミニスト批評入門』（書肆侃侃房、2019）、『批評の教室 ——チョウのように読み、ハチのように書く』（筑摩書房、2021）、『お嬢さんと嘘と男たちのデス・ロード ジェンダー・フェミニズム批評入門』（文藝春秋、2022）など。

英語の路地裏——オアシスからクイーン、シェイクスピアまで歩く

発行日	2023年6月19日（初版） 2023年8月9日（第2刷）
著者	北村紗衣
編集	株式会社アルク 出版編集部
校正	廣友詞子
装幀	松田行正 ＋ 金丸未波（マツダオフィス）
イラスト	北住ユキ
DTP	株式会社秀文社
印刷・製本	萩原印刷株式会社
発行者	天野智之
発行所	株式会社アルク 〒102-0073　東京都千代田区九段北 4-2-6 市ヶ谷ビル Website: https://www.alc.co.jp/

落丁本、乱丁本は弊社にてお取り替えいたしております。
Web お問い合わせフォームにてご連絡ください。
https://www.alc.co.jp/inquiry/